LI YINGJIE
FANGTANLU

东吴名家·名医系列

李英杰访谈录

张梦晗 著

东吴名家·名医系列

主　编　田晓明

副主编　马中红　陈　霖

丛书编委会（按姓氏笔画排序）

主　任　侯建全

副主任　田晓明　陈　赞　陈卫昌

委　员　丁春忠　马中红　王海英　方　琪　刘济生

　　　　时玉舫　张婷婷　陆道平　陈　亮　陈　罡

　　　　陈　霖　陈兴昌　范　嵘　周　刚　贲能富

　　　　徐维英　黄玉华　黄恺文　盛惠良　缪丽燕

学术支持

苏州大学东吴智库

苏州科技大学城市发展智库

苏州大学新媒介与青年文化研究中心

总序

留点念想

田晓明

在以"科学主义"为主要特征且势不可挡的"现代性"推进下,人类灵魂的宁静家园渐渐被时尚、功利和浮躁无情地取代了,其固有的韧性和厚度正日益剥落而变得娇弱浅薄,人们的归属感与幸福感也正逐步消失。在当今中国以"改善社会风气、提高公民素质、实现民族复兴"为主旋律的伟大征程中,"文化研究""文化建设""提升软实力"等极其自然地成为全社会关注的热门话题。作为一名学者,自然不应囿于自己的书斋、沉湎于个人的学术兴趣,而应该为这一伟大的时代做点什么;作为一名现代大学管理者,则更应当拥有这样的使命意识与历史担当。

一

任何"以问题为导向"的研究总是不乏高度的历史价值、使命意识和时代意义,文化研究也不例外。应该说,我对文化问题的关注和兴趣缘起于自身经历的感悟和对本职工作的思考。近年来,我曾在日本、法国、德国、美国等发达国家进行学术交流或工作访问。尽管这些国家彼此之间存在着很大的文化差异,但其优良的国民总体素质给我留下了深刻的印象。2013年5月,我应邀赴台湾地区参加了"2013高等教育国际高阶论坛",这也是我首次台湾之行。尽管此行只有短短一周,但祖国宝岛给我留下了深刻印象:在日常交往中,我不仅深切感受到中华民族的优秀传统在台湾地区被近乎完整地"保留"下来,而且从错落有致甚至有些凌乱的古老街景中"看到"了隐含于其背后的一种持守和一份尊重……于是,我又想起了大陆在中华人民共和国成立之后,人们在剔除封建糟粕的同时,几乎"冷落"甚至放弃了很多优秀的文化传统;在全面汲取苏联"洋经"的同时,也一定程度上失去了我们的文化自主性。"文革"期间,许多优秀传统文化遭受的破坏自不必多言。改革开放以来，随着国门的"打开"，中华大地在演绎经济发展奇迹的同时，中华民族的一些优秀传统却没有得到同步保留或弘扬，极个别的优秀传统甚至还出现了一些沦丧的现象。这便是海外之行和台湾地区之行给我留下的文化反思与心灵震撼！

带着这份反思和震撼，平日里喜欢琢磨的我便开始关注起"文化"及"文化研究"等问题了。从概念看，"文化"似乎是一个人人自明却又难以精准定义的名词。在纷繁的相关阐述中，不乏高屋建瓴的宏观描述，也有细致入微的小处说法。可谓仁者见仁，智者见智。文化概念的复杂性也赋予了文化研究所具有的内容丰富性、方法多样性和评价复杂性等特征。黑格尔曾做过这样的比喻：文化好似洋葱头，皮就是肉，肉就是皮，如果将皮一层层剥掉，也就没有了肉。作为"人的生活样式"（梁漱溟语），文化总是有很多显形的"体"，每一种"体"的形式下都负载着隐形的"魂"。我们观察和理解文化，不仅要见其有形之体，更要识其无形之魂。体载魂、魂附体，"魂体统一"便构成了生机勃勃的文化体系。古往今来，世界上各地区、各民族乃至各行各业都形成了自己的文化体系，每一文化体系都是它自己的"魂体统一"。遗憾的是，尽管人们在思想观念上越来越意识到文化的重要性，但在日常生活和社会实践中，"文化"概念被泛化或滥用了，正如人们常说的那样：文化是个筐，什么都能装。

从文化研究现状来看，我认为存在两个方面的问题：一是文化研究面临着"科学主义""工具理性"的挑战和挤压；二是文化研究多是空洞乏力的理论分析、概念思辨，而缺少务实、可行的实践探索。一方面，在"科学主义"泛滥、"工具理性"盛行的当今时代，被称为"硬科学"的科学技术已独占人类文化之鳌头，越来越受到人们的顶礼膜拜。相比之下，人文社会科学在人类文化中应有的地位正逐步或已经被边缘化了，其固有的功能正日益被消解或弱化。曾经拥有崇高地位的人文社会科学已风光不再，在喧嚣和浮躁之中，不可避免地陷入了"软"科学的无奈与尴尬。即便是充满理性色彩、拥有批判精神的大学已经意识到并开始重视人文社会科学的教育功能与文化功能，但在严酷的现实语境中，也不得不"违心"地按照所谓客观的、理性的科学技术范式来实施人文社会科学教育管理和研究评价。另一方面，由于文化研究成果多以"概念思辨""理论分析"等形式表达，缺少与现实的联系和对实践的指导，难免给人以"声嘶力竭"或"无病呻吟"之感受。从一定意义上讲，这种苍白、乏力的研究现状加剧了人们视文化为"软"科学的看法。这无疑造成了文化研究和文化建设的困境与尴尬。

从未"离开"过校门的我,此时自然更加关注身陷这一"困境"和"尴尬"旋涡中的大学。大学,不仅是传授知识、探索新知的重要场所,也是人类文化传承与发展的主要阵地。她不仅运用包括人文艺术、社会科学、自然科学等在内的人类文化知识进行有目的、有计划、有步骤的高级人才培养,而且还直接担当着发展、创造与创新人类文化的历史责任。学界一般认为,大学具有人才培养、科学研究和社会服务三大功能。应该说,这样的概括基本涵盖了大学教育的主要任务。但从学理上看似乎还有值得商榷的地方。一方面,从逻辑上看,这三项功能似乎不是同一层次的、并列的要素。因为无论是培养高素质人才,还是产出高质量科研成果,都是大学服务社会的主要方式或手段。如果将社会服务作为单一的大学功能,那么是否隐含着人才培养和科学研究就没有服务社会的导向呢?另一方面,从内涵上看,这三项功能的概括本身就具有"工具化""表面化"的特征,并没有概括大学功能的深层的、本质的内涵。那么,有人会问,大学的本质到底是什么呢?我认为,在归根结底的意义上,大学的本质就在于"文化"——在于文化的传承、文化的启蒙、文化的自觉、文化的自信、文化的创新。因为脱离了文化传承、文化启蒙、文化创新等大学的本质性功能,人才培养、科学研究和社会服务都会成为无源之水、无本之木,而大学的运行就容易被视作简单传递知识和技能的工具化活动。从这一意义上说,大学文化建设在民族文化乃至人类文化传承、创新中拥有不可替代的重要地位甚至主要地位。换言之,传承、创新人类文化应该是大学的历史使命与责任担当。

如果说,大学的本质在于文化传承、文化启蒙、文化自觉、文化自信和文化创新,那么,大学管理者的主要职责之一便是对文化的"抢救""保护""挖掘"。这是现代大学校长应具有的文化忧患意识和责任感。言及大学文化,现实中的人们总是习惯地联想起"校园文化",显然这是对大学本质的误解甚至曲解。一直以来,我坚持主张加强"文化校园"建设。"校园文化"与"文化校园",不是简单的文字变换游戏,个中其实蕴含着本质的差异。面对"文化"这一容易接受却又难以理解的概念,人们总是无法清晰明快地表达"文化是什么",有人曾经做过比较详细的统计,有关文化的定义多达两百多种。既然人们很难定义"文化"的概念,或者说很难回答"文化是什么",我们不妨转换一下视角,抑或可以相对轻松地回答"什么是文化""什么是没有文化""什么是文化缺失"等问题。我所理解的大学文化，在于她的课上和课下，在于她的历史与现实，在于她的一楼一宇、一草一木、一砖一瓦、一人一事……她可能是大学制度文化的表达，可能是大学精神文化的彰显，也可能是大学物质文化的呈现。具体而言，校徽、校旗、校训等标识的设计与使用是文化校园建设的体现，而创建大学博物馆、书画院、名人雕塑等，则无疑是大学文化名片的塑造。我曾发起和主持大学博物馆（即苏州大学博物馆）的筹建工作，这一"痛并快乐"的工作，让我感慨万千。面对这一靓丽的大学文化名片，我似乎应该感到一种欣慰、自豪和骄傲。然而，在经历这一"痛并快乐"的过程之后，我却拥有了另一番感受：在大学博物馆所展示的一份份或一块块残缺不全的"历史碎片"面前，真正拥有高度文化自觉或自信的大学管理者，其内心深处所拥有的其实并不是浅薄的欣慰和自豪，而是一种深深的遗憾、苦苦的焦虑和淡淡的无奈！我无意责怪或埋怨我们的前人，我们似乎也没有太多的时间和精力去责怪、埋怨，因为还有很多很多事情需要我们去落实、来实现，从而给后人多留下一点点念想，少留下同样的遗憾。

  这不是故作矫情，也不是无病呻吟，只有亲身经历者，方能拥有如此宝贵的紧迫感。这种深怀忧虑的紧迫感，实在是源于一种更深的文化理解！确实，文化的功能不仅在于"守望"，更在于"引领"，这种引领既是对传统精华的执着坚守、对现实不足的无情批判，也是对美好未来的理想而又不失理性的憧憬。换言之，文化的引领功能不仅意味着对精神家园的守望，也意味着对现实存在的超越。尽管本人并没有宏阔博大的思想境界、济世经国的理想抱负、腾天潜渊的百炼雄才，但在内心深处，我却始终拥有一种朴实而执着的想法：人生在世，"必须做点什么""必须做成点什么"；如是，方能"仰俯无愧天地，环顾不负亲友"。然而，正所谓"前途是光明的，道路是曲折的"，对于任何富有价值和意义的事情而言，"想法"变成"现实"的过程从来都不可能一帆风顺。在当下社会，"文化校园建设"则更是"自找苦吃"！

二

  人生有趣的是，这一路走来，总有一些"臭味相投"的"自找苦吃"者与你同行！

  2013年，我兼任艺术学院院长。在一次闲聊中，我不经意间流露出这一久埋心底的想法，随即获得了马中红、陈霖两位教授及其团队成员的积极响应。也许是闲聊场景的诱发，如此宏远计划的启动便从艺术学院"起步"了！其实，选定艺术学院作为起始，我内心深处还有两点考量：一是"万事开头难"。既然事情缘起于我的主张和倡议，"从我做起"似乎也就成了一种自然选择。事实上，我愿意也必须做一次"难人"。二是我强烈地感到时不我待，希望各个学院能够积极、主动地加入"抢救""保护""挖掘"文化的行列。尽管从本质上讲这是一种历史责任，但在纷繁的现实面前，这项工作似乎更接近于一种"义务"或"兴趣"，因此，作为分管文科院系的副校长，我不能对院长们有更多的硬性要求。于是，我想，作为艺术学院院长，我可以选择"从我做起"，其示范和引领作用可能比苍白的语言或"行政命令"更为有力、更富成效。

当然，选择艺术学院作为"东吴名家"系列开端的根本想法，还是来自我们团队对"艺术"发自内心的热爱！因为，在我们古老的汉字中，"藝"字包含了亲近土地、培育植物、腾云而出的意思。这也昭示了艺术的本性：艺术来源于生活，但必须超越生活。或许也正因为艺术这样的本性，人们对艺术的反应可能有两种偏离的情形：艺术距我们如此之近，以致习焉不察；艺术离我们如此之远，以致望尘莫及。此时，听一听艺术家们的故事，或许会对艺术本身能够拥有更多、更深的理解。

英国艺术史家贡布里希在其《艺术的故事》开篇中有云："实际上没有艺术这种东西，只有艺术家而已。"在各种艺术作品的背后，站立着她们的创造者，面对或欣赏这些艺术作品，实际上就是倾听创造她的艺术家，并与艺术家展开对话。这样的倾听与对话超越时空，激发想象，造就了艺术的不朽与神奇。也正是这种不朽与神奇，催生了"东吴名家"的艺术家系列。

最先"接近"的五位艺术家大家都不陌生：梁君午先生，早年在西班牙皇家马德里艺术学院学习深造，深得西方绘画艺术的精髓，融汇古老中国的艺术真谛，是享誉世界的油画大师；张朋川先生，怀抱画家的梦想，走出跨界之路，在美术考古工作和中国艺术史研究中开辟了新的天地，填补了多项空白；华人德先生，道法自然，守望传统，无论是书法艺术，还是书学研究，都臻于至境；杨明义先生，浸淫于江南传统，将透视和景别融进水墨尺幅，开创出水墨江南的新绘画空间；杭鸣时先生，被誉为"当今粉画巨子"，以不懈的努力提升了粉画的艺术价值。五位大师的成就举世瞩目，他们的艺术都有着将中国带入世界、将世界融入中国的恢宏气度和博大格局。

五位艺术家因缘际会先后来到已逾百年的东吴学府，各自不同的艺术道路在苏州大学有了交集和交融，这是我们莫大的荣幸。他们带来的是各自艺术创作的历练与理念,艺术人生的传奇与感悟,艺术教育的热情与经验,所有这些无疑是我们应该无比珍惜的宝藏,在这个意义上,"东吴名家·艺术家系列"的编写与制作也可谓一次艺术"收藏"行动。

三

"收藏"行动在继续进行!随着"东吴名家·艺术家系列"的编写与制作告一段落,我便将目光转向了"名医"。这一探寻目光的阶段性聚焦或定格,缘起于本人儿时的梦想和生活经历。我自小在外公与外婆身边生活,身为医生的舅舅和舅妈对我影响巨大。舅舅的敏感和精明、勤奋与敬业,舅妈的才情和灵巧、细腻与矜持,尤其是他们与病人之间交往、交流的互动场景以及医院的氛围,给我幼小的心灵烙上了深深印记。应该说,舅舅和舅妈身上所折射出来的医生职业操守和人格魅力,不仅是我人生启蒙的绝好养分——"随风潜入夜,润物细无声"地滋养、熏陶着我的成长,而且也渐渐成为我的生活习惯和样态,进而萌生出人生的愿望与梦想——我想成为一名让人尊敬的白衣天使或人民教师!

儿时的梦想,总是比较简洁和朴素,有时还十分直观和现实。在我的思维积淀中,总有一种抹不去的儿时记忆和认知:医生和教师是人世间最崇高、最善良、最阳光的职业!因为几乎没有哪位医生不想救死扶伤的,也几乎没有哪位教师不想教人成人的。世上可以没有其他职业,但绝不可无医生和教师。这两种职业甚至超越了国界、人种、民族和意识形态等差异,因为任何人都会遭遇到生老病死的拷问,任何人都有接受学校教育的过程,绝大多数人也会面临子女教育问题,等等。因此,渴望成为一名医生或教师,便成为我儿时的梦想!

清楚地记得,我在高考志愿书上清一色填写了"临床医学"专业,但因为班主任私底下递交的一份"定向表",让我儿时的"医生梦"彻底破灭了。因为这种"阴差阳错",而今中国大学里多了一名不太优秀的心理学教授,而医院却可能少了一名出色的外科医生。身为大学教授的我,虽然内心偶尔也会流露出"得陇望蜀"的遗憾,但我知道,这是真正的"白日梦想"。"医生",对我而言,只能成为一种永久的儿时记忆了。也许正是为了弥补这份心理缺憾,我将探寻的目光聚焦或定格于"名医",便乃是情理中事了。

如果说,"东吴名家·艺术家系列"的编写与制作缘起于本人的文化理解和兼任艺术学院院长的"便利"以及与马中红、陈霖两位教授的"臭味相投",那么,"东吴名家·名医系列"编写与制作能够成为现实,则是因为我和我的团队又幸运地遇上了一位"同道",他就是侯建全先生!在一次偶然闲聊时,建全兄得知了我内心深处的愿望和设想,他不仅给予高度褒扬,而且主动要求加入并表示全力支持。这真是应验了两句老话:有心栽花花不开,无心插柳柳成荫;踏破铁鞋无觅处,得来全不费工夫。在日常交往中,建全兄给我留下的印象是干练、圆融、义气,而他对医院文化建设的深邃理解与执着精神,以及他能跳出自己的"本位",全方位思考吴地医学文化传承与保护的视野和气度,又使我对他平添一份深深的敬意和尊重。尤其是此间我的工作岗位发生了变动,他依然一如既往地关心、支持此项工作的开展和推进,更是彰显出"同道"的意蕴与价值、友谊的诚挚和珍贵。

拥有了建全兄这样的"同道","收藏"行动进展得异常顺利。我们的笔墨和镜头此次定格与聚焦的几位名医也是大家耳熟能详的:李英杰先生,国家级非物质文化遗产项目指定传承人,潜心于六神丸技艺,一颗匠心守护绝密国药,将手工微丸技术代代相承,被誉为当代"中医药八大家"之一。阮长耿院士,被尊为中国的"血小板之父",成功研制了以SZ(苏州)命名的系列单抗,应用于出血与血栓性疾病的基础与临床研究,始终坚持不懈地以学术引领中法交流,以科研点亮生命之光。杜子威先生,著名医学教育家、中国现代神经外科学奠基人之一,制定了首个中国人脑脊髓液蛋白电泳的标准值,培养出中国第一株人脑恶性胶质瘤体外细胞系SHG-44,建立了人脑胶质瘤基因文库,在中国脑外科研究和临床方面取得卓越成就。董天华先生,苏州骨科医学的开创者和奠基人,江苏省医学终身成就奖获得者,学医、行医、传医七十余载,德术并举、泽被后学,仁者情怀、大家风范。蒋文平先生在六十多年的行医生涯中,在我国心脏电生理领域里倾注汗水和心血,贡献智慧和才能,是一位不畏艰难险阻和不知疲倦的探索者、创新者、开拓者。唐天驷先生是我国著名的骨外科专家,两次获得国家科学技术进步二等奖;他主持的"脊柱后路经椎弓根内固定"研究,被誉为我国脊柱外科的一大"里程碑",铸就了脊柱内固定的"金标准";虽到望九之年,他仍然工作在第一线,用高超的医术,帮助无数病人"站稳了身板""挺直了腰杆"。陈易人先生,是苏州乃至江苏全省的知名外科专家,曾经是省内医学界外科医学的领头羊之一;半个多世纪以来,他无私奉献,不计名利,坚持奋战在手术台旁,为千万个患者解除病痛;他还通过努力,和同事们一起把苏州大学附属第一医院的外科诊疗提升到省内一流水平。华润龄先生从医半个多世纪,学养深厚,内外兼修;他上承吴门医派著名老中医奚凤霖和陈松龄两位先生医脉,秉循吴地优秀传统文化的传袭,理法方药,思路清晰，用药轻简，救人无数，在中医业界和患者当中树立了良好的口碑，是当代吴门医派的杰出传承人和代表医家之一。

　　…………

　　"收藏"行动将继续进行。随着"同行者"的不断加盟，"东吴名家"（百人系列）将在不远的将来"梦想成真"！为了这一美好梦想，为了我们的历史担当，也为了给后人多留点念想、少留点遗憾，让我们携起手来……

序

自古姑苏繁华地，不仅仅体现在经济与文化的长足发展，而且在中医领域也形成了著名的吴门医派。吴门医派作为传统中医体系，形成了一大批著名医家，且世代相传，比如绵延约八百年的郑氏妇科。吴门医派中名医多御医，由于医术高明，声名远播，仅明代姑苏籍御医就有七十多位。吴门医派为苏州人的繁衍生息和健康生存做出了卓越的贡献，也为传统中医文化的传承和发展贡献了苏州智慧。

"东吴名家·名医系列"选择了华润龄先生和李英杰先生作为当代苏州吴门医派与中医制药工艺的代表人物，可谓实至名归。

历史上的东吴医派在当代通过名医传播、名药制作、名馆开设以及中医文化的现代化建设而得到发扬光大。与东吴医派并驾齐驱的是苏州日益崛起的现代医学和医疗。苏州大学附属第一医院，是国内具有影响力的知名三甲医院，多年来，在中国最佳医院排行榜中名列前50强，在中国地级城市医院100强排行榜中雄踞榜首。百年老字号医院，已然浓缩为医学领域的一笔宝贵财富，其重要原因之一，是它拥有一支实力雄厚的名医队伍。一所医院在民众中的口碑和信誉，很大程度上是凭借这些名医来创造的。在长期对医院的管理中，我始终不渝地坚持这一条，培养名医、建设名医队伍不动摇，这是医院建设和发展的硬道理。

名医不是天上掉下来的，名医荟萃的局面也不是朝夕之间就能形成的，其中，医生队伍建设至关重要。作为一所三甲医院，医生队伍是呈宝塔型结构的。名医是宝塔尖上的独领风骚者，他们也是从医生、从良医中脱颖而出的。对于医生队伍建设来说，我们的兴奋点和关注点，一是人才，二还是人才，三依然是人才。具体来说，一手抓名医队伍的建设，他们是医院的标杆、品牌，让他们带领团队，培养学生，充分发挥引领作用，提高医生队伍的整体水平。另一手抓青年医生的培养，这也离不开名医，以名医为师，从中发现人才。一旦发现可塑之才，就严格要求，压担子，创造各种条件，使他们成为名医。尊重名医，爱护名医，宣传名医，始终是医院工作的重中之重。作为医院的文化建设，整理和发扬名医的品德与精神，在当前显得非常迫切，这也是具体落实党中央的"把跨越时空、超越国界、富有永恒魅力、具有当代价值的文化精神弘扬起来"的指示。阮长耿、董天华、唐天驷、蒋文平、杜子威、陈易人六位名医的访谈正是在这样的背景下诞生的，是苏大附一院医院文化建设的又一重大成果。

一代代名医是医院文化的积淀，是苏州古今中外医学思想和精神的承继与传扬！"东吴名家·名医系列"所选八位名医虽然分属不同专业学科，但是他们有这样一些共性：

第一，医者仁心，他们都有崇高的医德。百年传承，使苏州有了"吴门医派"的金字招牌，也使苏大附一院积淀了"博习创新，厚德厚生"的文化底蕴。"厚德厚生"使医院百年来形成了"为患者、爱患者"的绿色医疗生态环境。这些名医用毕生的实践，诠释和丰富了"厚德厚生"的内涵。以德为上，为民服务，才不愧为真正的名医。董天华教授一直信奉"医德医术是一个医生的生命"，创造性地研究出将"美多巴"应用于治疗早期非创伤性股骨头坏死的新思路。几十年来，董教授淡泊名利、廉洁行医，收到病人的锦旗和表扬信不计其数，从未收受过病人的红包。他经常教诲年轻医生，要做好一名医生，首先要做一个品行端正的人，对待患者要有一颗仁慈的心，在诊治病人的时候，要时刻设身处地为病人的病情着想。慕名而来的患者除了仰慕他妙手回春的精湛医术，感恩他朴实善良的医者仁心外，更敬重他高尚的医德。华润龄先生秉持中医传统正道，妙手仁心，待患以诚，致力于中医领域的开掘，其学养、医术和医德得到业内同行和众多患者的嘉许，是一位有口皆碑的吴门儒医。

第二，大医精诚，他们以精湛的医术名扬天下，受到无数患者的爱戴。桃李不言，下自成蹊。名医活在广大民众的口碑中。他们敬业，痴迷于自己的理想，在长期行医过程中，不断总结，不断前进，最终登上自己事业的顶峰。陈易人教授，是我们外科的著名专家，一生兢兢业业，克己奉公，不计个人名利，用手术刀为千万个患者解除病痛，也把苏大附一院的外科诊疗提升到了省内一流水平。蒋文平教授，植入了中国第一例与第二例自动心脏起搏复律除颤器，从直流电消融到射频消融治疗心动过速，蒋主任参与了中国在该领域的起步性研究，接二连三地开创"中国首例"，在治疗心律失常方面立下了赫赫战功。脊柱外科医生是高技术、高风险的职业，稍有失误，病人就可能终身残疾。唐天驷教授作为一名医生，最大的快乐就是为病人解除痛苦，精湛的技艺是他毕生的追求，他一直坚持重视每一个手术细节，创下了数千例脊柱手术无瘫痪、无严重并发症的纪录。20世纪80年代，他主持的"脊柱后路经椎弓根内固定的基础和临床研究"被誉为我国脊柱外科的一大里程碑，铸就了脊柱内固定的"金标准"。

第三，敢于创新，与时俱进。这些名医不墨守成规，故步自封。他们是各自领域的弄潮儿、追梦人和风云人物。医学事业日新月异，每天有无数创新的成果面世。阮长耿院士建立了我国第一个血栓与止血研究室。他成功研制了以SZ（苏州）命名的第一组抗人血小板单克隆抗体，填补了国内空白，达到国际先进水平。随后相继研制成功抗人血小板、vW因子等苏州（SZ）系列单抗180多株，并应用于出血和血栓性疾病的基础与临床研究，其中5株SZ单抗被确认为国际血小板研究的标准试剂……阮长耿，亦被学界公认为我国血栓与止血研究领域杰出的开拓者之一。杜子威教授，1974年创建了苏州医学院（现苏州大学医学部）脑神经研究室，开展了脑神经疾病的基础研究，成功研制出国产醋酸纤维薄膜，首次制定了中国人脑脊液蛋白电泳的标准值，建立了中国第一株人脑胶质瘤体外细胞系SHG-44及其裸小鼠移植模型NHG-1、中国第一株抗胶质瘤杂交瘤单克隆抗体SZ39，在国内首先成功建立了人脑胶质瘤基因文库。传统中药制药名师、国家级"非遗"传承人李英杰先生经年潜心研习，以敬畏和专注传递中医药文化之魂，在不断创新中将传统制丸技艺发展至炉火纯青的地步。

长江后浪推前浪。医学事业的发展，需要各方面人才。本次推出的名医访谈系列丛书，目的是为了传承。我们的愿望是把名医的风采、经验作为财富，贡献给大家，可以一代又一代地传承下去。他们是"博习创新，厚德厚生"的杰出代表，我们也希望在他们的感召下有更多的名医涌现。人才辈出，才能使我们在当今的世界竞争中立于不败之地。

名医已经沉淀为苏州医学、医疗、医药发展的一种精神动力，历经传承与创新，浓缩为一种与时俱进的时代品格。八位名医访谈是"东吴名家·名医系列"的首批实录，历时三年，挖掘整理了老一辈名医的故事，以照片、文字和视频的形式完整真实地展现出来，以期丰富和拓展我们的名医文化建设，从而使我们的文化建设事业迈上一个新台阶。

苏州大学附属第一医院院长　侯建全

李英杰

1960年3月出生于江苏南京。1978年3月入伍参军,次年参加对越自卫反击战。1981年11月从部队复员,到苏州雷允上制药厂六神丸车间工作,先后任班组长、车间主任、生产部经理、总经理助理、药材采购种植总监、党委副书记。1984年、1989年,李英杰所在六神丸班组连获国家质量金奖。经过11年踏实学艺和刻苦钻研,李英杰的微丸制丸工艺获得中医药界专家广泛认可,李英杰因此成为中华人民共和国成立后国家绝密配方六神丸制丸技艺的第三代传承人,并于1993年被评为江苏省医药系统先进工作者。1998年,李英杰获得"全国中医药系统劳动模范"称号。凭借超群的微丸制丸技艺,李英杰于2005年、2006年获"姑苏技能大奖"。

中华中医药事业的传承和发展离不开传承人的执著和热情。李英杰四十年如一日,深耕在中医药事业的传承之路,2007年11月被评为苏州市非物质文化遗产六神丸制作技艺代表性传承人,2008年11月被评为江苏省非物质文化遗产六神丸制作技艺代表性传承人。2009年6月,李英杰当选国家级非物质文化遗产项目雷允上六神丸制作技艺代表性传承人,被誉为当代"中医药八大家"之一。2015年9月,出任世界中医药学会联合会常务理事。

1979年2月,李英杰参加对越自卫反击战

李英杰早年泛丸照片

2003年6月,李英杰在雷允上生产车间传授微丸制丸技法

李英杰在演示筛丸

2005年,李英杰在安徽黄山

目　录

特稿

003　一丸一世界　芥子纳须弥

专访

027　子承父志　一脉相传
028　读书上进　数任班长
033　父亲李根生
040　慈母良教　教于无形

043　擦肩生死　铁血峥嵘
044　参加对越自卫反击战
049　做首长的"千里眼"

056　扎根雷允上
057　落地苏州
062　师父徐志超
067　苦练基本功
073　体会此间乐
078　简单生活　不求闻达

- 083 传承人眼中的雷允上
- 084 "非遗"传承
- 091 做到极致
- 095 屡获殊荣
- 098 昔日风华
- 113 一代潮牌

- **122 不停歇的脚步**
- 123 多重身份
- 128 坚持道地药材
- 133 遵从古法炮制
- 136 微丸技术的应用
- 141 国药"走出去"

他人看他

- 149 严燕青：他是雷允上的一面旗帜
- 163 明志君：英杰是个有担当的热心人
- 173 纪敏：他就是最合适的形象代言人
- 181 陈燕：他严谨的作风一直感染我

附录

- 199 李英杰：国药绝密配方的守护人（纪录片脚本）
- 206 李英杰年表

- 208 参考文献

- 209 后记

特稿

一丸一世界　芥子纳须弥

2017年5月，我在苏州雷允上横山路厂址第一次见到李英杰先生，他是我们这本访谈录的主人公，国家级非物质文化遗产项目六神丸代表性传承人。步伐稳健，走路很快，高高的鼻梁衬在国字脸上，讲起话来不紧不慢，时而伴着微笑，第一次简短的接触后，我就感到他对待后辈没什么架子。之后每次约好的采访，他都会提前一些到达访谈地，采访地点也是根据我们的拍摄需求来定的。这样的见面方式让我觉得很轻松、很踏实，也很顺利。就这样，我们走近"中医药八大家"之一李英杰，他也将自己的人生画卷徐徐展开。

田埂上的少年

1960年3月，李英杰出生于南京江宁，他的父亲李根生是新中国成立后第一位六神丸制作技艺传承人。一年只回两趟老家的李根生没有太多时间陪伴小儿子，而是将自己六十年的时光都奉献给了苏州雷允上。哥哥姐姐们都去上学了，儿时的李英杰就跟着母亲到地间田头。母亲会给他带上一张防潮垫和两床软被，天气晴好的时候，就将一床软被铺在草地上，一床软被盖在李英杰身上。直到今天，回忆起儿时时光，他还总是感叹："迎着阳光，和着微风，那真是舒服啊！"虽然离开老家多年，但年近六十的李英杰还是喜欢亲近自然，一旦有闲，就喜欢到湖边走走，看看绿叶吹吹风。

从小学到高中，李英杰一直在南京读书。小学四年级之前在村头祠堂里上学。那时候上学，孩子们要自备两张板凳，搬到祠堂里去。一张高一些的长条凳用来当桌子，一张矮一些的小板凳用来当坐凳。任课老师人数不够，就实行合班教学。相隔一级的学生在一起上课，比如将一、三年级合班，孩子们之间年龄差距大一些也便于管理。老师在课上既会教授语算方面的知识，也会教一些文体方面的知识。当然，李英杰最喜欢的还是书法课，临摹纸可以用来描绣像，是孩子们天然的玩具材料。李英杰坦言，那时候上课条件还是挺艰苦的，除了设施有限之外，另一方面就是很多高年级的学生在中午或大课间，还要回家烧饭，做家务和读书两边都不能耽误。

从小学三年级开始，李英杰就是班长。也许是怀着一份热心肠，之后的初中、高中，李英杰一直担任班长一职。这不仅培养了他的责任心，也促进了他自身的学习进步。用他自己的话说，"我对自己要求也比较严格"。这种严于律己的个性对他后来从事微丸制丸工作有直接帮助。

李英杰的整个中学时代都在浓重的"文革"氛围中度过。他就读于淳化中学，那时学校里都在搞运动，实行贫下中农管理学校，既不重视教育，也不尊重教师，流传着许多类似"不学ABC，照样开飞机；不学数理化，照样干四化"的顺口溜。一些调皮捣蛋的学生还经常在老师上课时起哄。那时候老师的地位很低，特别是英语老师。身为班长的李英杰却不这样认为，他的同学明志君教授在接受我们的采访时说："李英杰很有担当，他在搞运动的时候，依然劝我们大家要以学习为重，要尊重老师。在那个时候，敢站出来说这样的话是需要勇气的。"

说到读书时的遗憾，李英杰最大的遗憾就是没有去大学深造。高中毕业那一年，也就是1977年，国家开始正式恢复高考，但1977年李英杰由于种种原因未能参加高考。次年3月，李英杰踏上了从军之路。人生的路总有选择，不同的选择都会失去一些风景，重要的是走在路上的时候要踏踏实实，而非心浮气躁。李英杰后来将微丸制丸技术掌握得炉火纯青，靠的正是这份踏实肯学。

父亲李根生

李英杰的父亲李根生13岁进雷允上做学徒，67岁退休，退休后又被雷允上返聘为顾问，直至73岁退休，整整一个甲子的岁月。一生做一事，李根生对雷允上的不舍让儿子李英杰颇有感慨："他退休后还放不下雷允上，一直工作到1982年。算下来，我和父亲加起来一共在雷允上待了上百年。"

虽然父亲李根生对六神丸制丸工艺驾轻就熟，但李英杰并没有成为他的徒弟,而是师从父亲的徒弟徐志超。主要是因为当时李根生年事已高,并且六神丸第二代传承人徐志超早已出师,于是李英杰拜师徐志超。当然,李根生依然会不时给儿子"开开小灶"。但凡李英杰在学习过程中遇到问题,李根生总会指点一二。

小时候,李英杰对父亲的工作没有太多的认识,只知道他在苏州雷允上从事和六神丸相关的工作,偶尔听父亲说起自己在苏州做政协委员的一些片段,却也从未上心。直到自己进入雷允上工作之后,李英杰才体会到六神丸制药班组在企业中的重要地位,五六个人组成的核心班子能够撑起全厂80%的业绩,父亲李根生更是六神丸班组里负责关键技术的上手师傅,大家都会尊称李父一句"李老师"。由此,李英杰对父亲的崇拜又添了一层,也为自己能够学习六神丸技艺而感到自豪。

在雷允上工作的六十年间,李父通常一年回两次南京老家,春节一次、中秋一次。李英杰回忆说,这短暂的陪伴总是欢腾的、亲切的,伴着枣泥大饼的香甜味道。李根生每次回江宁都会带两样东西,苏州特产枣泥大饼和雷允上的一些常用药剂,诸如行军散、六神丸之类。亦苦亦甜,亦食亦药,这其中无意间包含了多少人生哲理。

在谈到儿时对父亲的思念和依恋时,李英杰说:"现在想想,孩子对父亲的思念大概是阶段性的,见到父亲时,是欢喜、亲切的,等到父亲离开一段时间之后,日子仿佛又回归了平静,并未见得日思夜想。"诚然,孩子是健忘的,孩子又是最长性的。那份天然的亲热,总是那么真实,让每位父母动容。

真正与父亲朝夕相伴的日子开始于1981年。那时李英杰21岁,刚刚从部队退伍,在雷允上药厂做一线工人,而父亲在雷允上担任顾问,父子俩住在药厂的同一间宿舍里。李英杰是刚过弱冠之年的小伙子,李根生是迈入古稀之年的老先生。相对于年迈的父亲,年轻人的生活总是丰富一些的。

李英杰回忆说,20世纪80年代初的时候,还没有很多娱乐方式。厂里的年轻人平时上班,周末能看场电影已经是很时兴的娱乐项目。但对于男孩子来说,更拉风的是穿着喇叭裤,留一头半长的头发,踏上凤凰牌的自行车,前面挂个四喇叭的收录机,载着心爱的姑娘穿梭在大街小巷。李英杰也不例外,军人出身的他低调内敛,虽没有蓄起长发,但也钟爱自行车这一"大件"。凤凰、永久、飞鸽……聊起当年流行的自行车品牌,李英杰也是如数家珍,和现在的男孩子聊起名车时一样神采飞扬。他笑言,在那个时代,有一辆凤凰18型的自行车比如今开宝马还拉风呢。

在工作时间，李根生对李英杰制丸基本功的训练十分严格。六神丸的制作过程中，有三个重要的手势，分别是"端、翻、转"。刚开始练习的时候，李英杰端不稳药匾，翻转时操作也不流畅，手上磨出了一层层水泡。李根生丝毫没有流露出对儿子的心疼和不舍之情，还是继续让他从早到晚地练手劲。在李英杰的记忆里，父亲只要一走进六神房，就变得十分专注，那种凝神的表情让人觉得六神房是块追求极致的修炼场。直径约一米的圆形药匾在李根生的手中翻转自如，细如芥子的六神丸在光滑如镜的竹匾内侧跳跃着，刚入门的李英杰看得出神。他后来回忆说，看着父亲高超的制丸技艺，敬佩之情油然而生。

父子俩在雷允上制药厂共处的这段时光并不算太长，前后一年多的时间，但每每提起，李英杰都倍感怀念，父亲的指导和陪伴让李英杰的学艺之路顺利走上正轨，也让他更加深刻地领会到父亲的执着和严谨。

慈母良教　教于无形

李英杰是家中的小幺儿，父亲52岁时他才出世。儿时的李英杰都是跟着母亲和哥哥姐姐。作为家中最小的孩子，他更多的时间是跟着母亲在地头田间，在灶台锅边，享受着慈母的温暖。李英杰眼中的母亲是一位传统的农村妇女，勤劳、善良、温柔，给了他满溢的关爱。

"我们的家庭（事务）以母亲为主。去生产队挣工分，照顾孩子的生活起居，家里大大小小的事情都由母亲操办，父亲反倒帮不上什么忙。"跟我聊起母亲时，李英杰眼神中流露出别样的幸福和自豪。他说："一般农村妇女会做的农活家务母亲都会，甚至还更出色一些。平日里总有人请母亲帮忙纳鞋底，端午节要请她包粽子，逢村里有小孩满月，邻里乡亲还要请母亲做一些糯米粑粑。"母亲手中的美食是每个孩子难以忘却的记忆。当然，除了吃食，慈母手中的线同样令人倍觉温馨。李英杰回忆说，那时市面上还没有流行起各色时髦的成衣，五个孩子的衣服都是母亲一针一线缝制出来的，母亲用一双巧手养育了一个家。

也正因为这样，李英杰对母亲的感情尤为深刻，他很孝顺、心疼母亲。在淳化高中读书时，李英杰一有空档就要回家去看母亲。从淳化中学回家交通十分不便，一天只有一班公交车，有时因事耽误晚了，就赶不上回家的公交车，于是李英杰就常常爬拖拉机回家看母亲，但拖拉机不是每次都能走运搭上的，有时爬不上去，就回不了家。有一次，因为回家心切，李英杰爬拖拉机时摔了下来，严重扭伤，怕母亲担心，连着好几周没敢回家。

反过来，亦是儿行千里母担忧。李英杰参加对越自卫反击战的那段日子，与家里是音讯不通的。从部队直接出发去前线的他，临行前只是往家里寄了一封信，说"有任务要执行，可能时间会比较长，会有一段时间不能和家里联系，勿念"，这让母亲寝食难安。后来老家的人告诉李英杰，那段时间，李母常常在村头等候，她时常会很小声地问乡亲们："没有盖着红布的盒子送来吧？"原来，那时候，在战场上为国牺牲的勇士，其骨灰盒返乡的时候都会盖上红布，而战争期间，部队不允许战士们与外界联系。可想而知，对于一位母亲来说，这是怎样的煎熬。对越自卫反击战结束后，李英杰第一时间托人向母亲报平安，但是老母亲一没有看到儿子的亲笔信，二没有接到儿子的电话，内心依旧忐忑，十分想到武汉部队亲眼看一下儿子。对于从未独自出过远门又不识字的母亲来说，从南京到武汉的路程太困难了，终未成行。

李母比李父小了14岁，父亲李根生在雷允上工作了六十年，母亲却从未到过苏州。婚后也是一直两地分居，一年之中只能在父亲回家的那十几天团聚。少年夫妻老来伴，直到父亲73岁正式退休离开雷允上，夫妻俩才真正朝夕相伴。在李英杰的记忆中，母亲从未和父亲红过脸、吵过架，她整日勤勤恳恳地劳作，却从未有过怨言，称得上是贤良淑德。

除了父母亲，李英杰还有两个哥哥、两个姐姐。虽然年轻时就离开家乡江宁了，但他的家庭关系依然融洽稳固。最近适逢祖宅搬迁，兄弟姐妹们都是第一时间通知他，并且帮他留好他应得部分，并没有因为李英杰离家早就存在什么争执。在和笔者的交谈中，李英杰说："他们生活得都很好，我们兄弟姐妹感情也非常好。"

我们访谈的日期恰逢母亲节前后，李英杰回忆起与母亲相处的点滴日常，更是异常思念母亲。某日采访快结束时，他颇有感触地说："大家都在过母亲节，但我已经没有母亲了。"子欲养而亲不待，这是怎样一种感伤与遗憾。

擦肩生死　铁血峥嵘

一位中医药传承人，竟然曾是一名战地勇士，还参加过对越自卫反击战，这是笔者采访前不曾料到的。谈起这段经历，李英杰如数家珍，特别是他对具体时间的记忆非常清晰。陪同采访的雷允上员工说："我们从来没有听李总提起过这样一段经历。"事实上，李英杰确实是一位非常低调的人。他不爱对自己的经历夸夸其谈，不喜对自己的成就大张其词，而这恰恰印证了李英杰的匠人之心，他严谨、踏实、内敛、勤奋。

李英杰1978年入伍，次年参加了对越自卫反击战。时隔近四十年，他依然清楚地记得离开武汉去往前线的日子——1978年12月23日。年仅18岁的李英杰就这样踏上了征途。当笔者问及"一个18岁的小兵，上战场会不会感到害怕"时，李英杰笑着说："没有过退缩，战前动员是十分有效的。出征前会有一套完整的政治鼓动。在大会上，指挥员会给战士们谈中国从古至今的盛衰更迭。在封建王朝时代，中国在世界上处于强盛地位，直到清朝中晚期，才出现严重的国际地位滑落。落后的国家给人民带来了深重的苦难。新中国成立以后，中华民族全面复兴，中国在国际社会中的地位也稳步提升，这样的时候，越南却犯我国土，那么我们应该怎么办？"到如今，回忆起战前动员的情景，李英杰依然能够十分流利地背出当时政治鼓动的一套完整说辞。

除此之外，每位上前线的战士还都必须备齐"三书"，即遗书、请战书和入党申请书。在危难关头，战士们只要有了这"三书"，就仿佛有了无穷的力量。李英杰眼神坚定地回忆说："没有一个人怕死不敢去，个个都准备好了为祖国抛头颅、洒热血。"我们无法用想象去还原当时勇士们的坚毅，但从四十年后李英杰先生的眼神中读懂了那份"男儿何不带吴钩，收取关山五十州"的激昂豪情。

1979年2月17日，对越自卫反击战正式打响。李英杰所在的八六八四零部队侦察班于1978年12月23日已奉命先行出征。身高176厘米的李英杰是一员空军高炮兵，在前线侦察班为首长指挥部服务。战前工作的隐匿性和机动性非常强，与敌方虽无直接交火，但侦察工作的危险性可想而知。战场上的经历让年轻的李英杰平添了一份果敢。

刚到前线的几日，李英杰和战友们连续好几个晚上都没有睡觉，专注于地下指挥所的布置。除此之外，阵地上也需要构筑防护工事。构筑工事的主要目的是根据阵地方位与战斗任务确定每门火炮的合理位置。一个连队有8门炮，首先，要防止后炮打前炮。李英杰所在部队作战主要是使用高射炮，57炮对空可以打8 000米，100炮对空可以打16 000米。这就需要准确测算好前后火炮之间的距离，避免乌龙情况发生。其次,侦察兵要为炮兵提前标记好行进路线。由于火炮是不能倒车的,因此侦察兵要指挥火炮前进。

1979年3月16日,中国从越南撤军。同年6月3日,李英杰所在的参战部队撤军归建返回武汉,一切似乎又回到了从前的日子。离开前线战场,部队里的日子总是规律、简单甚至略显枯燥的,李英杰却很会丰富自己的生活。在当时,高中学历的李英杰除了日常的军事训练外,还担任起了文化教员一职,主要负责为战友们补习一些数理化方面的知识,以辅助他们学习军事课程。"军事教材中有许多涉及发射角度之类的计算题是需要数理化基础知识的,而我很愿意和战友们交流这些。"李英杰在谈起自己担任文化教员的工作时显得很谦虚。

铁打的营盘流水的兵,复员转业后,李英杰同批的战友们大都回到南京,各自生活在自己的人生轨道上。有的迎着改革开放的浪潮经商当起了老板,买卖做得有声有色;有的进了政府机关成为为人民服务的公务员;也有的回到老家继续做勤勤恳恳的农民……而李英杰则是遵从组织的安排,一脚踏进中医药行业,开始了他在雷允上传承六神丸制丸技术的一生。时代在每个人身上都会留下烙印,在那个年代,自主就业并不是主流,大部分人都是跟随组织的安排走上工作岗位,于是就有了"干一行爱一行"的口号。李英杰也是一样,"自从踏进雷允上,我就想,我要干好"。

有些过往,波澜壮阔却鲜为人知;有些故事,刻骨铭心却深埋心底。李英杰几乎从不与别人谈起自己参加对越自卫反击战的经历,更没有将这段经历作为谈资拿来炫耀,甚至与他共事多年的同事也不知这段历史,我只能从他聊起《亮剑》《士兵突击》《雪豹》等战争题材电视剧时神采奕奕的样子体会出他对生命的敬畏、对青春的追忆,而这种内敛沉静的性格,总是蕴含着一种潜在的力量,让人觉得踏实。

落地苏州 踏实学艺

1981年年底,李英杰结束了他的军旅生涯,复员转业。按照当时的复员政策,部队实行的是"从哪里来,回哪里去",李英杰自然要回到老家南京江宁去。然而,当时正在为六神丸制丸班组招兵买马的雷允上药厂领导通过政治考察和综合考量,选中了李英杰。雷允上相关领导请上级单位苏州医药公司与李英杰所在部队通信,希望李英杰能够在复员后到苏州雷允上工作。就这样,与同时代大多数人的人生轨迹一样，遵从组织的安排，李英杰来到了苏州，来到了雷允上。而在那之前，他从未踏进过姑苏城门。

自1981年起，李英杰开始了长达11年的拜师学艺之路。从一线生产工人到班组长、车间主任、生产部经理、总经理助理、党委副书记，李英杰一步一个脚印，从未懈怠。由于当时李英杰的父亲年事已高，并且六神丸第二代传承人徐志超已经出师，所以李英杰拜师徐志超。当然，父亲李根生也会给儿子"开开小灶"。师父徐志超比李英杰大18岁，在那个年代刚好是一代人的年龄差。他对李英杰的要求很高，但话不多，很多时候是用身教的方式来表达。

在徐志超眼中，最要紧的是干活一定要干净利落。每次开始工作时，徐志超都会自己先进车间工作，以此来示意徒弟们要认真干活了。在工作积极性方面，徐志超确实起到了很好的表率作用。工作干完以后，从墙面到所有的机器设备底面都要弄得干干净净，墙面不能有一丝灰尘，设备无任何油垢。在这样的要求下，六神丸车间一直是卫生状况最好的车间，经常获得"红旗设备""优秀车间"等荣誉。谈起师父徐志超的影响，李英杰面露钦佩。作为一代"非遗"指定传承人，徐志超用一丝不苟的匠心传递了中医药文化；作为一位为人师表的前辈，徐志超培养了一批技能优秀的后学，也为六神丸班组建立了良好的工作风气。直到现在，雷允上的四位车间主任全部出自六神丸车间。

李英杰与师父徐志超是传统的师徒制关系，师父做什么徒弟就跟着学什么。白天在厂里，李英杰有师父领着手把手地教；晚上回宿舍，还可以向父亲请教一些操作上的难题和关键点。踏实肯学的个性加上近水楼台的外部条件，李英杰的制丸技术进步飞快。

徐志超有意识地让李英杰亲历制丸的每一道工序。成品六神丸每1 000粒仅重3.125克，且粒粒乌黑发亮，细如芥子，这是因为经过了筛选、泛丸、打光、包衣等过程。这些过程每一步都需要制丸师父亲自操刀。据李英杰回忆，当时许多制药工艺还是比较简单传统的，例如磨药粉要踩铁船，把药烘干还得拉风箱烧煤炉，进行筛丸这道工序时，每天都得端着药匾，一筛就是好几个小时，累到手酸也不能停。虽然后来现代化厂房中省时方便的磨粉机、烘干机取代了铁船和风箱煤炉，但筛丸这一关键环节依然需要手工完成。

采访中，李英杰特别提到粉碎蟾酥以及过筛时的经历。在手工筛选药材时，蟾酥这一味药有强烈的刺激性气味，吸入鼻腔内会不断地打喷嚏，许多时候喷嚏打多了就开始流鼻血,即便戴多层口罩也无法阻隔蟾酥颗粒的吸入。李英杰每天要准备四五个12层纱布口罩,轮流清洗更换,才能够用。一天下来,嘴里只是觉得又麻又苦,连饭也不想吃。除了喷嚏连天外,夏天打蟾酥粉还容易引发皮肤过敏。蟾酥本身有毒,打粉的时候粉末落在头颈里,一擦汗,就要发红过敏。

除了打蟾酥粉之外,制作包衣用的百草霜粉是另外一项"苦差事"。成型的六神丸看起来色泽乌黑,是因为在丸药外裹有一层名为"百草霜"的包衣。百草霜,又名月下灰、釜下墨、百草灰,是杂草经燃烧后附于锅底或烟筒中所存的烟墨,可入药。而包衣就是将百草霜打成极细粉,手工过120目筛,再将筛过的极细粉包裹在六神丸上。每到打粉、做百草霜粉的时候,制丸师傅就会"全副武装",戴上帽子、口罩,围上围裙,毕竟蹭到"锅底灰"不是什么值得高兴的事儿。即便"全副武装",与百草霜"过招"后,师傅们身上仍是沾满了黑灰。"我每次做完百草霜粉,第一件事就是去洗澡。"李英杰如是说。这类不亚于在泥地里滚上一遭的工作,六神丸制丸班组每年至少要集中做两次。

学艺之路总有酸甜苦辣,尽管这些制丸之苦曾让李英杰心里萌生短暂的退意,但他很快调整好心态,抱着"既然来了就要做好"的信念,坚持学艺学精。除了身体上要饱受锻炼外,经济上也经受着考验。中华人民共和国成立前,老药工们的收入很高,像李英杰父亲李根生这样的顶级制药师傅每个月能够拿到94.2元,和老厂长的工资一样高。到了李英杰这一代,工资的多寡主要根据层级来定,像李英杰这样的二级工,尽管是在雷允上的核心班组,每个月也同样是拿37.2元。制丸药格外辛苦的时候,李英杰也会羡慕"坐科室"的人,他们平日里喝喝茶看看报,说说笑笑聊着天,有的工资甚至比这些整日在一线的工人还要多一些。

但是这些都不足以动摇李英杰学艺的决心。一分耕耘一分收获,辛苦的汗水换回的是精湛的手艺。两三年后,李英杰在六神丸制丸技术上已经可以独当一面。提及如何在短时间内出师并取得这样的好成绩,李英杰依然是那样谦虚:"学习微丸技艺讲究的是熟练工,多做多练,(出师)是水到渠成的事。"从1981年进厂到1992年进办公室,李英杰在一线连续工作了11年,这11年的勤学苦练,为他纯熟的制丸手艺打下了坚实基础。

除了跟着师父徐志超学习微丸技艺外,李英杰在工作之余还和工友们一起上夜校的中药班,在那里接受苏州最有名气的老中医们的专业指导。在中药班上能够系统地学习中药方剂学、中药炮制、中医理论等知识。经过一段时间的学习积累,李英杰对绝大部分药材、方剂和中医理论都能做到心中有数。这些知识为后来李英杰主管雷允上药厂生产和采购打下了扎实的基础。

他说:"在我看来,好学上进是一股精气神。"从小学到高中,李英杰一直是班长,成绩名列前茅。可惜的是,1978年3月就已入伍的李英杰没有赶上7月份的高考恢复,这也成为他心头的一件憾事。时代总会让人错过一些机会,又给予一些可能。因入伍错过了高考的李英杰却参加了对越自卫反击战,经历了一番精彩的战地生活。

还回到师父徐志超这里。徐志超是中专毕业,这在20世纪六七十年代算得上是众星捧月的高才生了。他虽然主要从事六神丸制丸技艺,但对药理研究也十分留心。在培养李英杰期间,也要求其尽可能多学习一些中医药原理,提升业务水平。于是李英杰在工作之余,还参加了夜校学习班,前后三年时间。此外,徐志超很看重医者的品德,所谓德行高才能立得稳。有时候也经常对徒弟们说,要用自己的行动维护良心药,支持中药老字号。朝夕相处之间,师父对徒弟产生了潜移默化的影响,李英杰也深刻认识到作为传承人的责任和担当。

说起师徒情谊,李英杰印象最深的就是每个月给师父剃一次头。那个时代人们不经常去理发店,父子之间、师徒之间,常常互相帮忙剃头,既是一种亲密关系的体现,也是一种交流方式。每次到了替师父理发的日子,李英杰都会早早准备好干净的理发工具,连理发匣子也一尘不染。从理发开始到剃须,一处也不落下。理完后,徐志超会对着镜子微微一笑,然后赞一句:"不错。"

后来晚年徐志超不幸患上脑瘤,住在苏大附二院,李英杰也是忙前忙后地照料。化疗期间,徐志超的头发自然还是由徒弟来打理。在采访时李英杰回忆说,师父患病那段时间,他帮师父剃头时心里是很难受的。以前师父的头发还挺浓密,生病之后都被剃光了,还要受那么多罪,每回看了之后心里都很不是滋味。为了治疗癌症,徐志超也去过上海的医院,但最终还是离开了人世。葬礼那天,李英杰和雷允上几位领导一起参加了追悼会。没有复杂的仪式,没有溢美的悼词,普通的告别仪式送走了这位传承人。

以药为伴 矢志不移

在李英杰学艺的那个时代,雷允上80%以上的销售业绩都压在六神丸制丸班组身上。如果他们做得不够好，企业就面临着利润下滑的风险，相应地，员工也就享受不到福利了。所以，为了责任，更为了大家的"菜篮子"，六神丸制丸班组丝毫不敢懈怠。

李英杰介绍说，作为雷允上药业有限公司的主打产品，六神丸近年来销售业绩持续攀升，在该公司常年生产的二十几个产品中占据了大约一半以上的销售额。"六神丸，现在我们每个月生产数十个批次，每个批次有五十多公斤（千克）。"李英杰略带自豪地说。

六神丸作为雷允上的"当家产品"，称得上是"神奇的小药丸"，每粒药丸仅有0.003 125克，且粒粒圆整均匀，乌黑发亮，细如芥子，1 000粒总重量仅为一钱（3.125克）。很难想象这样的微丸制作是依靠手工来完成的。剂量虽小，疗效不小。六神丸可内服外治，具有良好的消炎、抗病毒效果，曾三次蝉联国家质量金奖，被誉为"中药抗生素"。同样是抗生素类药物，六神丸于1864年问世，比盘尼西林还早八十多年。

在2003年抗击"非典"期间，六神丸被作为首选药物。2017年6月，中华中医药学会发布的《中医药单用/联合抗生素治疗常见感染性疾病临床实践指南》明确说明，六神丸可代替抗生素治疗感染性疾病，这一事实正式被专业机构所证实。

以前有种说法叫作"不知雷允上，偏知六神丸"，可见六神丸的知名度。作为国家绝密配方，六神丸的制作技艺在历史上一直由雷氏家族掌握并世代相传。抗日战争时期，日本人为了拿到六神丸的秘方，曾将雷氏后人关押起来严刑拷打，但最终也没有获得秘方。

中华人民共和国成立以后，雷氏后人将六神丸制作技艺秘方献给国家并以师承方式相传。中华人民共和国成立后的三代传承人分别是李根生、徐志超、李英杰。师承制的传承方式保障了六神丸技艺的精准传承。李英杰在采访中告诉笔者，自己是在师父和父亲的共同帮助下，花费了11年的时间，才全面掌握了六神丸的制作工艺。

如今，李英杰已经在雷允上工作了近四十年。多年的潜心研习，令他的制丸技艺达到了炉火纯青的地步。选料、碾粉、起模、泛丸、筛丸、包衣、打光……每一个细节里，都耗费着心神，蕴含着艰辛。别人眼中辛苦枯燥的制丸工作，李英杰却不以为然。在他看来，六神丸的制作过程也是一个"动"的过程。从泛丸到筛丸，身体和头脑一直在动。说到动脑子，由于六神丸的重量差异要控制在标准范围之内，这就要求操作者在制丸的过程中保持思考状态,所以也不感觉枯燥。李英杰说:"等六神丸做好了以后,真的有成就感、喜悦感。因为我们最后做成的潮丸,经过包衣、打光,最后成品丸称出来1 000粒正好是一钱,就是3.125克。当正好达到这个标准的时候,你会感觉到蛮好,蛮有成就感的,一天的劳累也是值得的。"

六神丸制药技艺是苏州市和江苏省最早评出的"非遗"传统医药项目,更是苏州市唯一一个获得国家级"非遗"殊荣的医药项目。虽然近年来雷允上药业集团整体规模不断扩大,新药种不断被开发和生产出来,但六神丸始终都是雷允上无可替代的主推明星产品,曾三次蝉联国家质量金奖。有研究表明,大剂量服用六神丸,对治疗急性白血病也有疗效。

在品牌部负责人纪敏经理的陪同下,笔者与拍摄组一行走进了六神丸的灌装车间。六神丸生产车间目前在横山路厂区,已经全面实行药品生产质量管理规范(GMP)。要参观六神丸部分生产车间,首先要进入第一层更衣室,消毒清洁之后换上无菌装,从帽子、口罩、无菌服到鞋子。在工作人员的带领下,我们走进了六神丸车间所在的厂区。这里一片雪白,整面的白墙,一尘不染的白门窗,洁净的白色天花板。工作人员刷了两次卡之后,我们从指定路线走进六神丸生产车间所在的楼层。刚入走廊,就看到头顶高挂着的"保密工段"的牌子。紧接着进入第二层更衣室,再换一套无菌服、一双鞋裤。我身旁的摄像师笑言:"咱们这是要进医院无菌手术室啊。"

两次消毒换装之后,我们看到了六神丸车间的庐山真面目。和雷允上其他药品制作车间不同,六神丸的生产车间和包装车间是完全隔离的。在雷允上,人们习惯把六神丸生产车间简称为"六神房"。和这神秘的名字一样,六神房的人,常常被调侃为"神出鬼没"。一方面,六神房的人在工作时间不得与其他药工发生联系,所有制作过程都在六神房内完成。另一方面,由于严格的消毒要求,药工们一旦进入工作间,除去吃饭之外不会离开车间。再加上工厂工人们的用餐时间都是分时段的,六神房的人整日待在全封闭的保密工段里,宛如与世隔绝一样。

生产车间按生产流程分为四个区域,其中最重要的区域就是泛丸区,也是经审批后采访组才能够进入的区域。泛丸时,药工们轻巧地翻转竹匾,那些半成型的药丸像一颗颗跳动的音符,在竹匾的缝隙间雀跃。泛丸的第一步是药工们先在干燥的药匾边缘用刷子蘸取少量水润湿匾面,接着撒少量药粉在湿润的匾面上,双手持匾逆时针旋转,时而颠起药匾并晃动,令药粉全部润湿。之后,将润湿了的小颗粒放至匾面干燥处,撒上另一样药粉,继续摇动竹匾,使小颗粒全部均匀地沾上药粉,如此反复,直到六味药粉全部加入。泛丸时还要用不同孔径的筛子一遍遍筛选,筛选后再重复上述动作,直至药粉滚动成直径0.8毫米的微丸。这些细小的丸药个个饱满黑亮,其圆整度是机械化大生产远不能及的。当然六神丸也不能以克计量,只能用毫克计算。泛丸的过程讲究手法、力度、频率和经验。要在一粒3.125毫克的药丸中,以手工翻转的方式,包裹进六味药材,并形成微小、紧密、圆整、均匀的微丸,且质量和疗效皆符合国家标准,其难度堪比微雕艺术。微雕艺术品是稀有而昂贵的,而这神奇的小药丸是要走进千家万户,以亲民的价格普济众生的。

正如我们在车间所看到的,六神丸的制作,需要依靠纯手工来完成。复杂的工艺加上市面大量的需求,药工们每天要站立工作六七个小时。这样的古法技艺,如今已经并不多见了。在雷允上,自清代以来,始终坚持手工泛制。当笔者问李英杰"如何看待现代科学技术对中医药手工制丸技艺的影响?"时,他语气坚定地说:"一颗直径不到1毫米的微丸看似普通,但1 000粒六神丸的重量才3.125克,纯手工炮制技术堪比高精机器,甚至有过之而无不及。不可否认,标准化、机械化大生产越来越普遍地应用于制造业,但在某些极精密和复杂的领域,机器并不能完全替代中医药人勤劳的双手与匠人智慧。概括来说,'微丸工艺'正是中医药追求精益求精理念的代表。"在中医药文化中,六神丸代表的是独特的历史、文化和科学价值。

除了六神丸外,在雷允上,还有一些药品也采用了微丸制作工艺,如健延龄胶囊。这类药品制作工艺的改进也是李英杰研究的课题,而这种研习完全出于兴趣。当一个人的工作也是他的兴趣时,工作的压力就会减轻不少。闲暇时间,李英杰喜欢研究各类中药材,日积月累,掌握了相当全面的药材知识,这为后来他全面负责雷允上药材采购打下了基础。采访中,李英杰非常自信地对我说:"凡是涉及雷允上制药配方的药材品种,我都十分清楚。我也喜欢和药材打交道,喜欢和它们对话。"

在李英杰看来,药材是有生命的,以药为伴就如同和老朋友在一起一样,讲究用心交流,讲究时机缘分。他以最常见的药材杭白菊为例,采摘杭白菊要待阳光照射、晨露化水时方可进行。如果连同露水一起采下,水分就会浸入花朵,这样加工后的杭白菊色泽暗淡;相反,如果在阳光暴晒后摘取,则芳香消逝,影响疗效。以药为伴，他是满载感情的；忠于职守，他是执着坚韧的。从学徒到掌门人，37年间，他放不下的，还是制丸的手艺活。

在连续采访李英杰先生的时间里，我反复思考这样的问题：是什么让这位传承人几十年如一日地热爱这样一件辛苦的活儿？是什么令他乐此不疲地深耕在传承中医药文化的领域里？在李英杰看来，"自从踏进雷允上，我就想，我要干好。雷允上能传承到今天不容易，近三百年了，不能把牌子砸在我们这一代手上"。李英杰就是这样挥洒着汗水，满载着匠心，用双手践行着自己对中医药文化的承诺。

传承人眼中的雷允上

聊起雷允上和吴门医派，李英杰顿时打开了话匣子。"在四大药房（同仁堂、雷允上、胡庆余堂、陈李济）中，雷允上一直以来就是以'民间用药'为主要对象的，这和雷大升本人济世救民的行医观念是分不开的。"雷允上的创始人雷大升（1696—1779），字允上，号南山，出身于富贵人家，自幼读书习医。"不为良相，便为良医"，在目睹了清朝官场的腐败之后，雷大升于1715年弃儒从医。后来家道中落，举家从江西迁到苏州。

清雍正十二年（1734），雷大升在当时苏州最繁华的阊门内开设一家中药店，招牌为"雷诵芬堂"，售销自产成药。所谓"诵芬"，即诵说芬芳的美好之意。

苏州地处江南湿热地域，易生疫病。据史料记载，从清雍正年间至乾隆初期的30年间，苏州地区发生严重疫病多达6次。雍正十一年（1733）就发生过重大疫病。作为治疗疫病的专家名医，雷允上在家门诊已经难以满足病者需求，为此他在苏州阊门内创设了雷诵芬堂。时疫治疗如同与时间赛跑，雷大升废寝忘食，成功钻研出多种验方合成药，以治疗霍乱的"痧药蟾酥丸"和"诸葛行军散"为代表。

雷大升坚持行医与制药并重，为民间百姓治病，逢大灾大疫之年，许多药材都免费赠送给病人。长此以往，雷允上品牌在姑苏一带美誉度很高，人们都习惯性地用雷大升的名字"雷允上"代替"雷诵芬堂"了。

雷大升在长期的临诊和制药实践中掌握了大量古方和民间验方及单方。相传，"六神丸"是雷允上根据家传秘方，经多次试验，取六味名贵药材，酒化蟾酥为丸，最后以百草霜为衣而成，对治疗时邪、疔毒、烂喉丹痧、乳痈发背、单双乳蛾、小儿热疖、痈疡疔疮以及一切无名肿毒确有显著疗效，经长年验证，因有"药效如神"之功，故取名"六神丸"。

作为吴门医派的名医，雷大升不仅医德高尚，也很注重对于医术的研究。李英杰说："我在研读雷允上品牌历史的时候，发现雷大升通过长期的临诊和制药，掌握了大量古方、验方、单方，这对中医药的发展来说，具有重要的贡献。"的确，从史料记载来看，雷大升研究并吸收吴门医派精华，将行医与制药相结合，集医药于一身，虔修中药丸、散、膏、丹的制作。这些付出仅从雷大升本人所著的《金匮辨证》《要症方略》《经病方论》《丹丸方论》四部医学著作中就可管窥一豹。

雷大升与清代杰出的医学家叶天士是同门师兄弟，师从王晋山。作为温病学派的主要代表人物之一，叶天士的著作《温热论》奠定了温病学辨证论治的基础，成为治疗外感病方面的一门与伤寒法并列的专门学说。雷大升在吴越一带行医治病的过程中也推行温病学派的医学理论，注重实践，敢于突破，开创了中医传染病学的先河。

清咸丰十年（1860），太平军进攻苏州，坚守在雷允上的店主死于战火。雷氏家族不得已将店铺迁至上海法租界兴圣街（今新北门永胜路）京江弄口，开设了"雷诵芬堂申号"，在上海从摆地摊开始，重整旗鼓。后太平军败退，雷氏家族重返苏州，并在原址重新开设了诵芬堂药铺，同时保留了上海的"雷诵芬堂申号"，自此形成了以苏州为总号、上海为分号的雷允上诵芬堂药铺的格局。

值得一提的是，太平天国时期，战乱纷争，烧杀抢掠之后苏州地区暴发了大面积的瘟疫，而江南一带气候温热，更成为传染病的高发地。瘟疫暴发之后，是雷允上研制的六神丸有效抑制了病毒的传播。一时间，具有清凉解毒、消炎止痛作用的六神丸被誉为"神丹"，也就是后人口中的"中药抗生素"。

李英杰介绍说，后来发展到民国时期，雷允上已经拥有十几个门类、几百个品种的庞大中成药体系。当时的政要名流蒋介石、张学良、于右任等服用雷允上中成药后，因感其疗效卓著，均为雷允上题词赠匾，以示嘉勉。中华人民共和国成立后，原卫生部陈敏章部长专门为雷允上题词"名声如雷、允称上乘"。

翻开民国时期的《新闻报》，细心的人不难发现，上面频频出现雷允上的广告。广告内容既有对品牌的宣传，也有对业务内容的介绍。据可考资料显示，早在民国时期，雷允上就已经开展了邮购业务，本埠收费与外埠收费都有明码标注，可见其业务范围之广，品牌影响之大。

和所有的名牌产品一样，雷允上也有被仿冒的情况。在上海，一个名叫关渡平兵卫的日本商人想钻空子，他向当时的上海商标局提出申请，要求注册名为"雷上"的商标。这一举动被上海总商会的人发现了，他们一面紧急函告雷允上苏州诵芬堂总号，提醒其"尽快自行依法救济"，一面向上海商标局提出异议。几经周折，日商的申请终被驳回。这一切主要得益于雷允上由来已久的品牌保护意识。早在民国四年（1915），雷允上苏州诵芬堂总号、上海分号就已经向吴县呈请商号注册并获得执照，并于民国十七年（1928）通过商号专用权注册。民国十一年（1922），雷允上获得九芝图注册商标证书，该商标是我国最早的注册商标之一。

商标保护、连锁经营、广告营销、邮购服务、聘请职业经理人，这些现代人一再倡导的经营理念，早在百年前，雷允上人就已经能够驾轻就熟了。当然，这些都只是营销手段，真正让雷允上屹立不倒的是"上品为宗"的坚持。

时至今日，雷允上依然恪守货真价实、精心炮制、信誉为本的国药老字号宗旨，在具体运作中采用"名医、名药、名馆"的发展模式。名医指的是独具特色的吴门医派。名药指的是雷允上自己研发的药物产品，像经典的六神丸、行军散，中华人民共和国成立后研制的健延龄胶囊等名方。名馆指的是雷允上药业有限公司囊括了王鸿翥、沐泰山等十家百年老医馆，形成了国药连锁总店有限公司。李英杰在谈到中医药的发展时特别强调两个词："传承"和"创新"。在他看来，传承是中医药发展的基础，没有传承的发展会失去本宗。只有在系统地、全方位地传承中医药学术思想和宝贵经验的基础上，才能挖掘中医药的科学内涵，在维护中医药自身特色的基础上，丰富和完善其理论技术体系，进而提出医学发展中的新思路、新方法，开展新实践，实现新突破。对于雷允上来讲，这个百年老店总是通过尝试创"新"，引领一代风气之先。

传承给谁　股东拍板

历史上，雷允上对六神丸的配方是保密的，传男不传女，六神丸的总秘方只掌握在雷氏传承人手中。在制作过程中，其制作工序按采购、炮制、选配等步骤分解下去，制药工人各司其职，相互之间不允许打听。各岗位完成原药后，再汇总到雷氏传人手中，由雷氏传人在一个封闭的房间内完成最后的配方合成。之后再进行精处理、泛丸、打光。①

抗日战争时期，日本商人对"六神丸"配方的抢夺可谓煞费苦心。为了拿到精确的六神丸配方，日本商人先是企图以王牌货"仁丹"配方交换，后又将雷氏后人关押拘禁。面对日本人的威逼利诱，雷氏传人和雷允上员工没有屈服，誓死保住了六神丸秘方。但雷允上的招牌等有形文物被日军洗劫一空，现存放于日本中药博物馆，其中包括"雷诵芬堂"的牌匾。

中华人民共和国成立后，雷氏后人将六神丸技艺秘方贡献给国家。雷允上六神丸与云南白药、龟龄集、片仔癀等制药配方同在国家保密配方之列，成为中药四大保密配方之一。之后，六神丸的制丸技术就以师承方式相传，主要传承人有李根生、徐志超、李英杰。1984年10月20日，国家医药管理局下发〔84〕国药科字第431号"科学技术保密项目通知书"，将雷允上六神丸列为国家医药系统"绝密级"项目。

苏州雷允上药业公司保密制度明确规定，有关六神丸配方和工艺的完整资料只由一位传承人掌握，也就是所谓的单传，并且为了尽可能减少知晓面，配方资料只能保存在传承人的个人记忆中；唯一的一份文字资料存放于银行金库；操作人员挑选品行端正的员工，公司与生产车间的相关涉密人员签订了严格的保密合同，并按时发放保密津贴；处方采用编码形式，不写物料名称，处方和工艺分开；掌握处方的人员，不涉及工艺和生产；进行生产操作的人员，不知晓处方；配料采取乱码保护，即在配方用药中加入几味不需要的中药，将其打乱并编码；厂区实施严格保安制度，重点区域实行24小时全天监控制度。

目前，六神丸的配方掌握在李英杰手中。至于人们都很关心的"下一位传承人会是谁"的问题，李英杰说，自己确实带了几个徒弟，女儿目前也在六神丸班组学习，但并不向他们传授核心配方。"配方一方面自己记在脑子里；另一方面，已经形成了文字资料，存放在规定的保密地点。至于将来要传授给谁，最终要由公司的股东来敲定。"

在李英杰看来，要想成为六神丸的传承人，首先人品要端正，这是第一项要考查的。其次要肯吃苦，这是能够出师的必备条件。最后要有长性，心境不平者很难脱颖而出。李英杰说，父亲李根生之所以成为雷允上董事会指定的秘方掌握

---

① 晓亮：《李英杰：小药丸里有"大秘密"》，《苏州日报》2012年7月10日。

者，也是因为他比别人踏实肯干。那时候，一起在雷允上做学徒的人不少，有些人做一段时间就另觅出路了。第二代传承人徐志超当时也收了几位徒弟，李英杰的多年老友施文斌也曾拜师徐志超门下，但除了李英杰之外，其他几位最终都没有长留在六神丸班组。一生磨一剑，将微丸技术做到极致，就是这些传承人夜以继日在完成的事。看似平凡的坚守，却透出令人敬畏的伟大。

简单生活　张弛有度

李英杰的日常生活非常规律，以三餐为例，他是一个到点吃饭的人，对食物不挑剔。出差时也是如此，不会为了品尝某种当地美食而拖延用餐时间，常常一份火车上的便当就是一顿正餐。作息也十分规律，可谓"食有时、动有节"。每天饭后，都会用快走的方式锻炼身体，晚上不做激烈运动，偶尔看一会儿战争题材的电视剧后就会定时休息。

李英杰奉行"简单生活"的理念。由于身兼多职，工作比较忙，李英杰坦言，"很少有娱乐休闲的时间"。当笔者问起他的兴趣爱好时，李英杰说自己喜动也喜静。年轻时的李英杰喜欢打篮球、打乒乓球、拉双杠，文艺方面喜欢唱歌。在部队的时候，身体素质好，各种体育锻炼都喜欢，对抗式运动、技巧式运动他都要尝试一遍。部队的运动设施比较完善，除了统一的训练任务之外，李英杰每天都要锻炼。有时候是拉一拉单杠双杠，有时候是和战友们打篮球、乒乓球。遇到有文艺表演的机会，李英杰也会大胆地去高歌一曲。他对我说："唱歌表演和学习语言一样，首先得不怕难为情，要敢于唱。"李英杰声音洪亮、音调高，喜欢唱《山丹丹开花红艳艳》《解放区的天》《保卫黄河》《游击队歌》一类的歌曲。

除了喜动，李英杰还会写写小文章，往《空军报》《解放军报》等报纸上投些稿子。与夫人胡英相恋时，还因歌声好、文章通被赞赏。他的硬笔书法很好看，于是部队出板报时常常叫上他。说起退休后的规划时，李英杰特别跟我提到自己想再练练毛笔字。他说："中药店出身的，总要讲究一个'把字写好'。以前在中药房里面的老药工，书法都写得很好，因为他们要跟着医生抄药方。"对李英杰来说，凡是和中国传统文化相关的东西，他都颇有兴趣。"假如我现在还年轻的话，我肯定要去学玉雕，把这个学精。"玉雕作为中国最古老的雕刻品种之一，也属于国家级非物质文化遗产。在制作过程中，需要根据每块玉料的特点，通过选料、剥皮、设计、粗雕、细雕、修整和抛光等工序完成。这与六神丸在制作中所运用的匠心不谋而合。写写小文、练练软笔，也正是因为这样，单位里的年轻人认为李英杰"很文艺，很有追求"。

李英杰对自己爱好的评价是简单、健康，他对打牌一类的休闲方式不感兴趣，有时间的时候宁可围着石湖边走走路，一小圈下来差不多是4千米，湖面上的晚风吹在脸上着实舒服。在周围人眼中，李英杰就是这样一位兴趣广泛、崇尚简单生活的老前辈。

最合适的形象代言人

家庭美满、工作踏实、专业过硬、群众基础好，作为雷允上的形象代言人，李英杰十分符合企业形象代言人的定位。他自己也乐于接受这一身份。李英杰的夫人是道地的苏州人，一直默默支持着他的工作，从不抱怨，名副其实的贤内助。女儿也在雷允上工作，目前在六神丸班组学习；女婿是清华大学的博士后，事业有成。今年（2017年）7月份，李英杰刚刚得了一个小外孙……提到家庭时，李英杰很是满足。

说起远大集团（雷允上药业集团有限公司）选择李英杰作为企业新闻发言人和形象代言人的原因，首先是因为李英杰的专业过硬。作为一家药业公司，产品质量和企业信誉乃重中之重，企业的考量是：既然产品质量是世人关注的重点，那么就找一位业务精湛、负责质量把关、对雷允上了解深入且信心满满的权威人士来担任新闻发言人一职。万一企业面临危机议题，该发言人也能够游刃有余地对应外界质疑。其次，李英杰"中医药八大家之一"的称号及六神丸制作技艺代表性传承人的身份也特别符合雷允上"允执其上、上品为宗"的企业文化。

当然，"名人多传说，江湖多传闻"。关于李英杰天生具备新闻发言人特质这一点，雷允上企业内部还有一个诙谐的版本。因为是军人出身，李英杰说话的声音特别洪亮，尤其是在回答问题的时候。再者，声音洪亮会盖过别人的声音，于是一些小声质疑的声音啊，反对的声音啊，李英杰都可以选择性过滤。用他的"老战友"严燕青副总的话来说："我们李总最适合当新闻发言人了！"虽然是玩笑之语，但李英杰声音洪亮确实符合新闻发言人的要求，很多时候，对于外界的声音，就是要通过巧妙的方式来回答。

作为企业形象代言人，李英杰在衣着打扮上既有讲究又不破费。同事纪敏反复说过："李总还是一个挺节省的人，很朴实。" 2016年，《本草中国》节目组到雷允上来拍摄时，需要李英杰穿一件有民族特色的服装以配合拍摄，结果找来找去是在网上买了一件十分便宜的上衣。工作人员去财务科报销的时候都很不好意思，毕竟觉得太便宜了。而李英杰本人一点都不介意，他说，能满足拍摄就好，挺好挺舒服的。

同时，李英杰也很注重细节。笔者在采访其同事时了解到，他的办公室总是非常整洁，无论什么时候走进去，所有的东西都码得有条有理。作为企业的形象代言人和新闻发言人，李英杰还在办公室里放了一个小鞋刷，以备不时之需。每次出席重要场合或正式场合之前，他都会提前将自己收拾好，并且在去会场前再确认一遍。

李英杰在单位的群众基础很好，公司上下对他的评价都很高。他对同事的关照体现在小事之中，很温馨却不会给对方带来压力。有一次，一起出差的年轻同事纪敏没有吃火车上的便餐，李英杰留意到了，后来每次和同事一起出差的时候，他都会带些零食。李英杰自己没有吃零食的习惯，这些零食是专门为同事准备的。他对同事的关怀不会让人感到有压力，就像他看到同事没吃便当时不会特别去询问，只是默默地准备好零食。同事们都说："和李总一起出差，你不会感觉到是在小心翼翼地服侍一位大领导，相反，很多时候是他在照顾我们。"有时出差行程安排得不是很紧张，一些同事早晨会晚起一会儿，李英杰都是吃完早饭后等着大家，或是叫大家起床。

李英杰为人慷慨大方、不计小利。和其他部门的同事一起外出参加活动，即便是受邀嘉宾，也不随意让对方买单，宁可自己多担待一些。公司为他置办形象代言人的行头，他也会坚持不破费的原则，和同事们一起货比三家，并不因为花的是公司的钱就大手大脚。正是这一个个细节，让李英杰赢得了大家的尊敬，这种尊敬不是通过立威施恩获得的，而是于日常无形中取得的，令人倍觉信服。

在采访李英杰的同事时，笔者注意到李英杰很会关心人，并且他的关心方式很自然，不会让对方感觉是"甜蜜的负担"，正如他和同事一起出差时，会为对方准备小零食，找不到路时他会一个人冲到前面去问路……大家都说，与李总相处有如沐春风之感。

作为雷允上的企业形象代言人，一些涉及品牌宣传方面的事常常会请李英杰先生参与。虽然被称为"中医药八大家之一"，但李英杰没什么架子，许多和他有过比较密切接触的同事、朋友都有这种感觉。这样一位随和的前辈，同时也是纪律性特别强的好榜样。笔者在采访李英杰的同事时，在他斜对面办公室工作的纪敏女士说："他每天都是早早地来到公司里，从来没有一天迟到过。李总应该说是到了一种比较自由的阶段，但是他仍然对自己的要求比较高，保持着自己一贯的作风。仅这一点就令我震撼，值得我学习。"

一个人的行事作风体现在细节之中，李英杰对自己的要求非常严格，工作作风严谨有度。他作为雷允上形象代言人出席大小活动之前，都会仔细地过一遍流程，并用邮件或当面和同事们全面沟通确认。这种一丝不苟的行为方式和他早年形成的军人作风不无关系。众所周知，部队的生活是严格要求、富有纪律性的，但离开部队多年之后，依然能够将这种优良习惯贯彻到底的人并不多。

无论是在过去，还是在现在，一丝不苟都是一种极为可贵的行为方式。雷允上相关领导也正是看中了李英杰的这一点，将药材采购和质量监控的工作重任交给他。李英杰对药材的研究很深，谈起各种中药的疗效，他如数家珍，不仅对每一味药材的疗效了然于胸，对各类药材在不同场合下的使用和搭配也相当熟悉。这种积累和研究已然内化为李英杰生命的一部分。如果要追溯他开始系统研究中医药的时间，应该是他刚参加工作时业余到医药专科学校学习的时候。李英杰是个干一行钻一行的人，从他踏入雷允上的那一刻起，他就下定了决心要投身于中医药文化的复兴事业，而现实给他的回馈则是，他本人也在自己的专业领域找到了强烈的归属感。李英杰对雷允上的药材品质和制药工艺都非常自信，他说："'精选道地药材允执其上，虔修丸散膏丹上品为宗'是我们一直信守的承诺。我们的药材都是从苏申各大药材行以高价选购的。比如，麝香要由杜盛兴香行供给'杜字香'；西黄采用金山黄；珍珠购进老港濂珠；冰片用'头、二、三'梅；虎骨用'四腿虎骨'；人参采用大山人参；川贝用松潘贝；党参用潞党参；豆蔻选用大颗白豆蔻；黄连用山阴连；杜仲用厚杜仲；砂仁用原粒阳春砂；薄荷只用二刀薄荷；等等。"

李英杰对待工作的一丝不苟不单纯是认真仔细，他不会局限于知道事物的表象，还要了解表象背后的来龙去脉，这跟他的性格是紧密相关的。他对药材钻研很深，除了理论上的研究之外，一有机会，李英杰还喜欢到各地跑药材。他和负责药材采购的严燕青副总一起东奔西走，考察过麝香、中华蟾、黑眶蟾等。实地考察常常是辛苦又充满危险的。许多药材的产地都在偏远的深山,为了采集到最道地的药材,李英杰经常要翻山越岭,还要面对多变的天气。有时在山脚下还是阳光明媚,到了山顶就变成大雨滂沱了。最惊险的一次是2008年5月份,李英杰和严燕青在四川康定一带跑药材,结果夜里12点多遭遇汶川地震余震。他们连夜转移,途中遇到山体滑坡和泥石流,鸡蛋大小的石头从山顶滑落,几次打在当地向导驾驶的车子上。李英杰和严燕青没有慌乱,他们时行时停,几番躲避,终得脱险。

如今,虽然即将步入退休年龄,但是李英杰的工作任务丝毫没有减少,药材采购、企业形象代言人、企业新闻发言人和工会的相关事宜都需要李英杰一一经手。所谓能者多劳,说的就是这种情况吧。李英杰将自己的一生都倾注在了雷允上,风风雨雨三十多年,陪着企业一步步走过来。他在接受采访时感叹道:"我和我父亲在雷允上的时间,算下来,有上百年了吧。"

以药为伴,矢志不移。祖辈是这样过来的,今人依然如此。细如芥子的六神丸里,蕴含着制丸人虔诚的匠心。作为当代中医药文化传承者的代表之一,李英杰至今仍行走在中医药的传承与创新之路上。他正带领着新一代传承者,日复一日地研习,用敬畏与专注传递中医药文化之魂,凭执着与踏实守护传统制丸工艺之本。

专访

子承父志 一脉相传

- 小孩子去上学，要自己从家里边带桌子凳子。一般是带一个长凳子，高一点的，再带一个小凳子。写作业的时候就趴在长凳子上，把凳子当课桌用，听课的时候坐在小凳子上。
- 我从三年级开始当班长。不管到哪个学校，我都是当班长，所以对自己要求也比较严格，在学校里边的成绩还是可以的。
- 六神丸是1864年问世的，能清凉解毒、消炎止痛，远销日本、东南亚一带，被视为『神药』。传承一百几十年经久不衰的一剂良药，我一个年轻人去做这件事，既光荣也有责任。
- 我父亲13岁进雷允上做学徒，67岁退休后被返聘回来当顾问，一直到73岁才真正离开单位。13岁到73岁，刚好是一个甲子的时间。现在再加上我在雷允上工作的时间，算下来，有上百年了。
- 我们的家庭事务主要由母亲操持。我母亲在生产队里干活嘛，那家里这几个小孩都是由我母亲带着，父亲在家里边基本帮不上什么忙。母亲是传统的女性，贤淑、勤劳、能干，没有任何怨言。我从来没有看到过她跟父亲吵架，也没见他们红过脸。

读书上进　数任班长

张　您不仅是国家级非物质文化遗产传承人,更是苏州雷允上的一块招牌。一辈子服务于苏州,您祖上是苏州人吧?

李　我出生在南京江宁,祖籍也是那里。到雷允上工作之前,我没有来过苏州。但我从小对苏州是有概念的,父亲一直在苏州雷允上工作。

张　您从小学到高中一直在南京读书?

李　对,一直在南京江宁。

张　我采访明志君教授的时候,她跟我说她是在高中阶段才跟您同学的。您高中之前在哪里求学?

李　我的小学是在村里的学校读的,中学是在我们大队里上的,到了高中才到镇上去。跟明志君是高中同学。

张　您的母校据说是附近一带的名校,明志君教授说方圆一带的学生都愿意去那所高中。那所高中叫什么?

李　我们那个地方叫淳化,学校就叫淳化中学,全称是江宁县淳化中学,现在这个中学还在。

张　果然是所老牌中学了!这样说来,您和明志君教授是从不同的小学、不同的初中考过去的。

李　对的。我们班上绝大部分同学都是从不同的小学、不同的初中考过去的。当时的情况是,小孩子的小学实际上就是在生活的村子里边读。那个时候生活条件、教育条件都非常艰苦,大多数村子没有正规的学校。我们村里的学校借用的是以前的老祠堂,在祠堂里办学。小孩子去上学,要自己从家里边带桌子凳子。一般是带一个长凳子,高一点的,再带一个小凳子。写作业的时候就趴在长凳子上,把凳子当课桌用，听课的时候坐在小凳子上。那个时候呢，因为老师比较少，一年级跟三年级的学生合在一个班级里，二年级跟四年级合在一起。上半节课老师讲一年级的内容，下半节课讲三年级的内容，就是这样轮流上课的。

张 在祠堂里边上课、读书是不是感觉特别庄严？应该不怎么敢玩耍调皮吧？

李 在祠堂里上课还是有点怕的，特别是低年级的时候。那个祠堂很高很深，向上看是黑黑的，好像看不到顶，有点怕的。

张 合班上课时，把一年级跟三年级放在一起，二年级跟四年级放在一起，而不是将相邻的两个年级放在一起，这样跨级合班是出于什么样的考虑？

李 跨级安排，估计是为了方便管理吧。年龄太相近了，容易闹矛盾、打架。相差大一点的话，孩子之间容易相处。一方面，我大一点你小一点，这样就可以谦让些。另一方面，高年级的孩子也可以教教低年级的孩子，不会闹成一锅粥。

张 我明白了，这样安排很明智！

李 那个时候上课应该说也是很辛苦的。上学期间，农忙的时候我们还要回去烧饭，还有上课上到一半回去烧饭的。因为家里边父母亲都出去干农活了，干完活回来要吃饭的。一般情况是，父母亲早上出门干农活之前先把菜烧好，但饭是要上学的孩子回去烧的。那么，有的孩子就在课间回家把饭烧好了再回来上课。农村小学就是这样，条件差，师资力量也差，也没有太多的规矩。

张 你们当时小学的学制是多少年？

李 5年。

张 小学一直是在祠堂里上的学么？

李 上四年级的时候，我们村里重新造了一所学校，就是按照现代学校的标准造了一所小学，我们就搬出祠堂到新学校去了。我在村里的许村小学读到五年级，毕业后就升入初中。初中实际上就是两年。高中也是两年。一共就读了9年书。小学以自然村为单位办学，初中以大队为单位，当时的大队接近于一个镇。我们是三个村归属一个大队，大队所在的地方叫解溪镇，"解"字音同"谢谢"的"谢"，字同"解放军"的"解"，"溪"是"小溪"的"溪"，是个古镇。镇上的初中就叫解溪中学。

张 "解溪"这个词听上去很有历史。

李 据说解溪镇的历史可以追溯到魏晋南北朝时期。谢安家庭的一位后代将军偶尔到此一游，看到这里山明水秀，特别适合避世养老，就选中这里作为他的退隐之地。"解"大概有解甲归田的意思吧。

张　那么"溪"指什么?

李　解溪镇上的河是秦淮河的支流,"溪"应该就是指这个。

张　"解溪"好像还是一个穴位的名称,镇名跟穴位有关吗?

李　呵呵,没有听说过。应该没有关系。

张　淳化中学离你们村有多远?怎么去上学呢?

李　大概十几里路吧。那时没什么交通工具,自行车也没有。自行车在那个年代是稀罕物,要是哪家有辆自行车那就是不得了的事情了,不但是财富,还是时髦啊!我们去上学都是步行的。有时候,路上会遇到拉建筑材料,比如石头、水泥这些东西的拖拉机。我们就跟着拖拉机跑一段路,然后朝拖拉机上跳,搭车。有的时候他们(拖拉机司机)不让你搭车,你跳上去,他就把你推下来。我还被推过一次,整个人摔下来痛了好几天。因为,司机怕这么多人都跳上去拖拉机轮胎吃不消。

张　那个年代初中、高中都是两年制?

李　对,和现在的教育制度相比,那个年代我们学到的东西真的要少很多。

张　您还能不能回想起来初中阶段老师在课上都教了些什么内容?

李　我读书的后期就进入"文革"阶段了,没有了正常的读书环境。我们的课程主要是数理化、语文。说起来,我上小学的时候,学校连汉语拼音都不教的。老师不会汉语拼音,我们也不会汉语拼音。我现在的汉语拼音知识,也只学了百分之八九十,还是我的女儿上学后,跟着她一起学的。

张　那个年代不学汉语拼音很正常,我父亲1962年出生,之前也不会汉语拼音,因为学校没有教过。

李　对,我们小时候的课本里没有汉语拼音部分,学校里也是不教的。我女儿读一年级的时候,我跟她一起学。当时的想法是,我学会了之后,如果女儿有什么不会的,我可以教教她。所以,我的汉语拼音是自学的。

张　上个星期我采访严总(严燕青)的时候,他说您对女儿各方面的要求是很严格的,有的时候还要训她。人们常说严父慈母,您在家里是严父么?

李　算是吧。读书方面呢,实际上还是没有教育到多么好,应该说没有达到我的期望啦,哈哈哈。因为我读书期间,从小学到高中一直都是成绩比较好的学生。

张 对，明教授也这么说。您当过班长？

李 我从三年级开始当班长。三年级之前我都没什么具体的印象了。从三年级担任班长起，不管到哪个学校，我都是当班长，所以对自己要求也比较严格，在学校里边的成绩还是可以的。但是我老婆比较宠女儿，我要是管管女儿，她是要跳出来阻止的，嫌我管得太严了。

张 还是您太谦虚了。学习只是孩子教育的一部分，您的严格是全方位的，关于人品的教育也是很重要的一方面，就像雷允上在挑选六神丸传承人的时候也非常看重人品，人品端正、踏实肯干是首要的。

李 对，人品这一点我们企业是很看重的，以前都是要政审的。

张 通过与您的接触，发现您介绍中药炮制方法的时候如数家珍。其实中药的制药过程相当复杂，而每一剂成品中药里边都含有多种成分。这些都归功于您学习能力很强，而学习能力我认为是贯通的，您在部队的时候不也是做业余的文化教员嘛。

李 做文化教员是由于我那个时候年纪轻，又是高中生。那个时候部队里高中生不是很多，所以我就去做了文化教员。

张 这种学习的精神头也好，劲头也好，还是跟认真有关系。就学习这件事情而言，要踏踏实实，不能掺假，学来的都是自己的，这跟您一直以来的作风和性格也是有关系的。

李 在学校里的时候我学习就蛮认真的。高中毕业的时候，我们班就一个考上大学的，读的是南京医科大学，就是明志君。而我去当兵了。

张 如果您不去当兵，估计也会走高考这条路吧？

李 不当兵的话我肯定也想考大学的。但那个时候考大学难度很大，一个班级里能考上的是很少的，如果能考上两三个就相当不错了。

张 而且那个时候有一段时间是不是推荐的？

李 推荐读大学是1977年之前，比我们高考的时候要早些。

张 您读书期间有一阶段正好是"文革"时期。

李 高中小学都赶在"文革"时期，因为"文革"差不多十年嘛，我是1967年上小学，1977年高中毕业的，正好接近"文革"的十年，"文革"是1966年正式开始的。像我们这代人虽然读了9年书，也算是高中生，但是真正学到的东西并不多，许多东西都没学过。我在部队参加高考的时候，差了三四分没有考上。当时的确好多知识我都不懂。汉语拼音占了7分,我一分都没拿到。数列级数,以前就没学过,也不会。

张 您报考的是普通高校?

李 不是的。在部队里一般都是考军校,我打算报考的学校也很好,是第二军医大学。预考的时候我们整个团有十几个人报名参加考试,最后通过了4个,我是其中之一。后来通过统考录取了两个人,但是我被刷下来了。我就差了几分,落榜了。

张 "文革"期间大家都搞运动贴大字报,很少有人在学习。明志君教授在接受我们采访的时候,她就说您在"文革"期间做班长的时候还挺有担当的,在大家都在搞运动的时候,您就劝大家把心思放在学习上。

李 当时有些调皮捣蛋的学生,对待有些老师,特别是英语老师讲的一些内容,不但不听,还乱起哄,说"不学A、B、C,照样开机器",还有"不学数理化,照样干四化",等等,类似这种顺口溜很多,很多人都没有认真读书,学校里没有良好的学习氛围。唉,耽误了整整一代人!

张 1977年未能参加高考,1978年准备考吗?

李 对,原准备1978年考的,但那年3月份我去当兵了,到了部队,没参加高考。

张 您3月份去当兵,您的同学参考高考是1978年的7月份?

李 对的。由于读书期间没有学到什么东西,当时参加高考,能一次就考上的人不多,许多人要考两次、三次,在复习备考的时候慢慢去补学知识才能考上。

张 明志君教授应该是1978年考上大学的吧?

李 是的,考了两年,她很优秀。有时候我也为自己感到惋惜。

张 选择不同,人生的路就会不一样,很难说哪一条路会更好,只要踏踏实实地做事就会有所成就。那个时代的人确实认真,现在的社会存在一些浮躁的情绪。

父亲李根生

张 您儿时的记忆中有没有关于苏州或雷允上的?

李 有。我印象很深的是父亲每年回两次家都会带两类东西,一是苏州特产枣泥麻饼,二是雷允上的一些常规药剂,像行军散、六神丸之类的。枣泥麻饼我很喜欢吃,雷允上的药剂也很实用。这些给我的印象都很深。

张 您说您的父亲一年只回两次家?

李 是的。那个时候交通很不方便,而且在中药店工作也忙,没有现在那么多假期,父亲就常年在苏州雷允上工作,每年的中秋节和春节各回家一次,坐火车回去。

张 回去一次能待多久?

李 也就十来天。他放假回家以后,我母亲农活也不让他做。他会陪陪我们,走走亲戚。

张 你们父子还真是聚少离多!那您到苏州参加工作后跟父亲住在一起?

李 是的,一开始我跟父亲合住在一个宿舍,一年多一点后我父亲退休了,我就跟同龄人住在一起。

张 工厂安排你们父子同住,是不是考虑让您尽快掌握制丸技术?

李 一方面是厂里有意的安排,另一方面我对父亲也能有一个照顾,毕竟当时他已经七十多了。

张 您觉得刚工作那一年多与父亲相处的时间,对他是不是多了一些认识?

李 小时候对他其实没有太多了解,只知道他在苏州,在雷允上,做六神丸的,其他就不知道了。到雷允上工作后才发现能掌握六神丸关键制丸技术的只有几个人。六神丸在雷允上的地位非常高,而父亲一直在做六神丸,所以特别受人尊敬,

清代六神丸制丸场景图

这是以前不知道的。雷允上的名称几经变更,最早叫雷允上制药厂,"文化大革命"期间改名为苏州中药厂,1979年以后又恢复成雷允上,但六神丸的重要地位从未变过。为什么六神丸在雷允上有这么高的地位呢?因为一共就五六个人的班组,要完成整个雷允上80%以上的产品销售额。所以我退伍后能到雷允上,能学习生产六神丸,是非常荣幸的,内心也充满了自豪感。

张 产生自豪感和荣誉感之后是不是也多了一些责任感?

李 我责任感一直比较强。六神丸是1864年问世的,能清凉解毒、消炎止痛,远销日本、东南亚一带,被视为"神药"。传承一百几十年经久不衰的一剂良药,我一个年轻人去做这件事,既光荣也有责任。

张 对父亲多了一份崇拜?

李 是的。因为我以前认为,父亲他也不是什么官嘛,他就是在雷允上,就是做六神丸的,顶多就是六神丸这个班组的一个组长嘛。但是长大以后我才知道,他在雷允上应该说地位还是相当高的,人家都叫他"李老师",所有的员工碰到他都叫他"李老师"。他的工资收入也是最高的,当时是跟雷允上制药厂厂长一样的工

20世纪60年代王鸿翥药房老师与南京中医学院中药系实习生合影

20世纪80年代雷允上老药工合影

资。那个时候拿94.2元一个月，在苏州应该是最高的工资了。

张　这个其实也是个人价值的体现，本来就只有五六个人能掌握六神丸制丸技艺，他在其中又是领头人的角色。

李　对。当时五六个人的分工是，一部分做下手，一部分做上手。所以做上手的人更加少。下手呢就是打打粉，搞搞辅助、卫生。上手的师傅才负责发丸、筛选，包括包衣、打光，这些都是上手师傅做的。

张　您和李根生老先生加起来，经历了雷允上近百年历史吧？

李　我父亲13岁进雷允上做学徒，67岁退休后被返聘回来当顾问，一直到73岁才真正离开单位。13岁到73岁，刚好是一个甲子的时间。现在再加上我在雷允上工作的时间，算下来，有上百年了。

张　您父亲退休之后就回江宁老家了？

李　是的，回去跟我母亲一起生活了，但是后来又被返聘。工作时父亲事情忙，很少回家。67岁第一次退休，厂里又把他返聘回来，73岁才正式告老还乡。父亲13岁进雷允上，整整60年岁月都全部交给雷允上了。

张　整整一个甲子！我们都知道长年的异地分居对夫妻来讲都是比较艰难的一件事情，您母亲会来苏州看您的父亲么？

李　我父亲在苏州这么多年，我母亲一次都没来过。母亲第一次来苏州已经是我结婚的时候了。我们小的时候，家里孩子多，有五个孩子要照顾，她不可能丢下孩子们不管啊！还要干农活，在生产队里挣工分。另外还有一个实际的问题是，当时我父亲是住在宿舍里边的，我母亲来了也没地方住啊。

张　您父亲那时候来苏州都是用什么交通工具啊？是坐船还是乘汽车？

李　乘汽车到南京，然后乘火车到苏州。我听他讲起过，抗战时期他从南京到苏州，因为那时候我们正好在跟日军作战，乘火车不太安全，他就沿着铁路步行到苏州。走到一个地方住一晚上，第二天再接着走。几个人结伴一起走。当时在雷允上有好几个人是我们老家人。

张　您老家有这么多人在雷允上，有什么特别的原因吗？

李　雷允上最早的经理是我们江宁人。最初雷允上的员工主要由三个地方的人组成：一是我们江宁人，基本上是上手师傅，或者在前店；二是宁波人，主要在后坊；还有就是常州人，主要做后勤工作，比如烧饭之类的。

张　您知道父亲在雷允上是做六神丸传承人么？

李　小的时候不太明白什么是传承人。

张　来雷允上之前,您来过苏州看父亲么?

李　一直到我退伍的前一年,我都没来过苏州。

张　您算是子承父业了,您父亲的指导对您的制丸技艺是不是有直接帮助?

李　因为我父亲也是做这个事情的,我可以请教他,他也给我指点一些在操作过程当中应该注意的问题。我一方面跟着我师父学,另一方面我父亲私底下也给我一些指导,所以相对来说会学得好一些,学得快一些。

张　父亲对您的要求严格么?

李　非常严格。刚开始,我练基本功,翻转药匾的时候,根本转不起来,手里像端了个石头匾,而我父亲就转得很轻松,感觉药匾是他身体的一部分。我转得手上都是血泡,父亲一点都没有表现出心疼,还是让我继续练。磨破了多少次皮,我也记不清了。虽然父亲不说,但我心里是知道的,这是条必经之路,不能娇气。只有吃得苦中苦,才能够学好。你看那一颗颗细小如芥子的六神丸,不下苦功夫是不可能做得出来的。

张　父亲的指导是不是主要集中在您和他同在雷允上的一年多的时间里?在那之前,有没有这方面的交流?

雷允上六神丸特写

李　之前基本上没有这方面的交流，小的时候他一年才回去两次。春节回去，中秋节回去，其他时间他都不在身边。再说，那时候我对他所从事的工作也不了解。到雷允上来工作之后，厂里决定让我跟着学六神丸制作技艺，我才开始了解。白天跟师父一起干活，师父手把手地教我。晚上回宿舍后，弄不懂的地方再问问父亲，我父亲他很愿意跟我讲。

张　小时候您不知道父亲在雷允上是绝密配方六神丸的传承人，而且还是新中国成立之后我们国家六神丸的第一代传承人？

李　这个我倒不太知道，因为我第一次到苏州来是从部队过来探亲的。只知道父亲在雷允上工作，是雷允上一个比较好的师傅。这是大家都知道的，那时他是苏州市政协委员，回到老家时会跟我们讲讲，吹吹牛。

张　不算是吹牛，实际上您父亲确实很厉害啊。您父亲的六神丸制丸技艺是跟谁学的？有没有听他说过？

李　六神丸配方、工艺早期都是雷氏家族族人掌管的。后来雷允上效益做得比较好，雷氏族人也比较开明，就不想再自己亲力亲为地管理了，所以就想着要聘请职业经理人来管理。这样一来，雷氏家族的传承人就基本上不用上班，可以轻松些了。雷允上聘请的第一代职业经理人是我们南京江宁人，和我们是一个村子里的，是他把我父亲从江宁带到雷允上的。听雷允上的老前辈们说，一开始挑选做六神丸的人选时，是从雷允上所有小学徒里边挑，挑了几个他们认为比较本分、比较肯干、比较能吃苦的。后来几年，不断地淘汰，剩下两三个人，其间老板还不断地观察、筛选，最后就留下了我父亲一个人，这样六神丸制丸技艺就传到了我父亲手里。

张　雷允上当年就聘用职业经理人进行管理了？

李　是的，实际上雷允上是最早聘请职业经理人的一批老字号公司之一，很有现代管理意识。

张　您认为采用职业经理人制度跟雷允上的经营效益比较好有关，好到什么程度，您有印象吗？

李　对于新中国成立前的雷允上我没有具体的印象，但是关于我父亲，我可以举个例子。就是我父亲那个年代，还是旧中国吧，他一个月的工资是124块大洋，公私合营之后他也能拿到94.2元一个月。这个工资比大学教授还要高，大学教授当时是60块钱一个月。

张 那的确是非常高了。我还有一个问题就是，您父亲是直接将六神丸技艺传承给您的吗？

李 不是的。我跟我父亲年龄相差比较大，我是家里的小幺儿嘛。小的时候，他一年回来两次，一次是中秋节前后，一次是春节。关于雷允上的事情，也许他说过，我太小没有特别的记忆。他很宠我，虽然上面有哥哥姐姐，但他还是会更疼小一点的孩子，每次回来会带苏州的糕点麻饼。这个有印象，工作上的事情就没什么印象了。

张 这样说来，您父亲的六神丸技艺不直接传承给您，而是传给了徐志超师傅，是因为你们父子俩年龄差别太大了？

李 对，因为年龄的原因。我父亲67岁时退休，那时我还没去当兵。但是他退休以后没有回家去，企业一直把他留在这里。其间有一批苏州中药学校的青年毕业后分配到雷允上来，我们称之为"黄埔一期"，雷允上的"黄埔一期"。他们是那个时代最有知识的一批青年了，我父亲就从中挑了徐志超学六神丸技艺。

张 所以说徐志超先生是"黄埔一期"里边拔尖的了。

李 是的，他是挑选出来的优秀学员。

张 他的年龄正好介于您跟父亲之间。

李 对，我跟徐志超师傅相差将近18岁。如果他活着的话，现在应该70多岁了。

慈母良教　教于无形

张　您母亲也是南京江宁人?

李　是的。我是在田埂上长大的,小的时候一直跟着母亲生活。母亲去干活,我也跟着去,非常幸福。

张　您是指上学之前跟随母亲去田里?

李　我小的时候因为家里边没有老人能帮着带,母亲又要参加生产队的劳动,再加上我还要喝奶,几小时就要喝一次,没办法,母亲就只能把我带到干活的地里去了。所以,我是在田埂上长大的,下边垫条棉被,上边裹条棉被,我就这样睡在田埂上。

张　所以您跟母亲相处得最多? 您的两个哥哥和两个姐姐都上学去了,也不太可能带您。

李　对的,母亲带得最多。

张　爷爷奶奶呢,没有带过您?

李　我的爷爷奶奶过世得比较早。爷爷我都没有看到过,他在我父亲三四岁的时候就过世了。

张　冒昧问一下,您爷爷是病逝的吗?

李　不是。他是在嘉兴做生意的时候被车子撞死的。

张　哦,是意外去世的。

李　是意外。我父亲那个时候还很小啊! 我爷爷过世之后,奶奶一个人要养活几个小孩,太难了! 后来我们村上有人在雷允上当经理,过年回老家来,我奶奶就找到他,央求他从我们家几个小孩子中挑两个带到苏州去,找一条活路。爷爷是家里的顶梁柱,他不在了,奶奶靠用麦秆编草帽换来的收入太微薄了,养不活一大家人。就这样,我伯父和父亲两个人跟着去了苏州。当时,我伯父15岁,父亲13岁。到苏州后,伯父去了雷允上下边一个叫良利堂的药店做学徒,父亲就在雷允上做学徒。

张 您父亲有几个兄弟?

李 兄弟两个,还有的就是姐姐和妹妹了。

张 男孩子十岁出头就出来闯荡了啊!

李 穷人的孩子早当家嘛。虽然是当学徒,但总归有些收入,哪怕没收入,总归有口饭吃。事情经过就是这样,人家看着他们比较可怜,就帮忙带到了苏州,从此跟雷允上结缘了。

张 您父亲在雷允上工作了多少年?

李 父亲是按规定退休的。退休之后就回到江宁农村,在村上跟母亲一起生活了一段时间。不久,雷允上又把他叫回苏州,然后他一直工作到73岁才离开岗位。他工作期间,每年只能回老家两次,挺辛苦的。

张 这样看来,母亲在你们的家庭中扮演着重要的角色。

李 我们的家庭事务主要由母亲操持。我母亲在生产队里干活嘛,那家里这几个小孩都是由我母亲带着,父亲在家里边基本帮不上什么忙。再说,他难得回去一次,十来天,从小不干农活,也不会干。

张 您的母亲称得上传统意义上的家庭女性?

李 对,传统的女性。贤淑、勤劳、能干,没有任何怨言。

张 这个很重要,任劳很容易,任怨就比较难了。

李 对,任劳任怨,因为我从来没看到过她跟父亲吵架,也没见他们红过脸。

张 哇,这个很不容易。因为有的时候夫妻之间拌拌嘴啊、闹闹小脾气啊,这个太正常了。毕竟支撑家庭生活非常不易嘛,就像您说的,她要养五个孩子。那您母亲是不是会给孩子们做很多好吃的好玩儿的?还是说她在生产队干活就已经很忙了?

李 应该说,农村妇女会干的活,我母亲都会。我印象最深的,比如小时候谁家生小孩子满月了,按照我们那里的风俗要做一种叫"粑粑"的食物。我们老家不少妇女是不会做的,但我母亲会做,人家就会来请她去做。还有纳鞋底,村上不会的人就会请她纳,所以在我印象中,她好像一年到头,只要有空,就在纳鞋底。她还常常被人家请去帮忙包粽子。总而言之,农村妇女会干的活,不会干的活,好像她都能干，也经常去帮人家做这些事情。

张 您刚才说的那个粑粑好像很有意思，具体是什么样子的食物？

李 主要材料是糯米粉。那个时候没有卖现成的糯米粉的，要做粑粑先要磨糯米粉。我看母亲每次做糯米粉之前都要先把洗好的糯米浸泡在水里大约24小时。泡的时候她会用块湿帕子盖在上面，主要是防止表层的米粒干燥。泡好了的糯米就可以舂成糯米面儿了，有时候也会用磨面机磨，毕竟那个省力一些。舂好的糯米粉用细箩筐筛好放在大簸箕里，在阴凉的地儿风干就成了。我母亲总是把做好的糯米粉放在陶坛子里备用。这个粑粑看起来做法简单，实际操作很讲究技巧。因为糯米粉很黏手，和成的面团一点都不听使唤，技巧掌握不好的人做出来的粑粑歪三扭四、厚薄不一，还容易滴糖露馅儿。

张 这个糯米粑粑是有馅儿的？

李 对的，里面有馅儿的。粑粑可以做成各种形状，圆形的最常见，做起来也比较快。

张 您喜欢吃么？

李 喜欢，而且我经常看我母亲做。她把那个鸡蛋大小的面团捏出一个凹窝，面团就成了外圆中空的样子，取面团四分之一左右的馅儿放在中空的位置，再慢慢捏拢，把封口处的面结子揉圆，再在手上沾点面，用左右手交替将包好馅儿的面团拍扁，这样粑粑就基本成型了。也可以做成寿桃的形状。小孩满月的时候家里不是做寿桃嘛，有时候我母亲也用糯米粉做成桃子的形状，在上边还要用糯米粉做出"寿"字和各式花草。寿桃是用模子做的，寿桃里面还有"芯"（馅），一般是豆沙的。这一类糕团有许多品种，农村人家有什么婚丧嫁娶的事情，乡里乡亲都会去帮忙。我母亲因为手巧，啥都会做，就做得更多了。

张 典型的贤内助啊！

李 我们小时候身上穿的衣服，都是她自己做的，都是她自己用针线缝出来的。

张 慈母手中线，游子身上衣，穿在身上的感觉是不一样的！您父亲长期不在身边，您母亲心灵手巧，又比较能干，对您的影响就会多一些。除此之外，在您的成长过程中还有哪些人或者因素对您产生过比较大的影响？像老师、同学、朋友、前辈等。

李 小时候在全国范围内倡导的学雷锋活动对我影响蛮大的。那时候思想简单，只想学习雷锋，做好人好事，做一颗永不生锈的螺丝钉，就像最近挺火的电影《芳华》中的刘峰那样。我们那个时代，很多年轻人都会受到雷锋思想的影响。

擦肩生死 铁血峥嵘

- 我是1978年12月23日和战友们一起被派往前线的,从武汉出发。出发之前每个人都要写好三样东西：一是遗书,一是请战书,一是入党申请书,缺一不可。我是空军高炮兵中的一员,具体是在空军高炮侦察班,主要任务是为首长指挥部服务。
- 我们的飞机从广西这边的田阳机场、吴圩机场、宁明机场三个机场起飞。云南那边也有三个机场,每个机场八架飞机同时上去。我们的飞机在越南的领土上空飞,气势上就压住了他们,越南的飞机根本就没敢飞。
- 我回到武汉以后,我母亲就想到武汉来看看我是不是真的活着。她不相信啊,因为没有亲眼见到我。
- 平时训练结束后喜欢和战友们一起打打球,一般是打篮球,周末也会去打乒乓球。几乎所有的文体活动我都很喜欢。
- 做侦察兵既要眼睛好,又要记得住。从望远镜里看三秒钟,望远镜一拿掉就要把飞机型号报出来,报不出来就算错误。有时候从很远的地方用望远镜看,飞机看起来都是差不多的。

参加对越自卫反击战

张 您是什么时候去当兵的?

李 我是1978年3月高中毕业之后去部队当兵的,那时候参军是许多年轻人的向往,受国家宣传的影响。

张 我在查阅资料时了解到您还参加过对越自卫反击战,能和我们说说您的参军经历么?

李 我是1978年3月份和平年代入伍的,但是第二年爆发了战争,就是对越自卫反击战。四十年过去了,有些事情印象还是很深。我是1978年12月23日和战友们一起被派往前线的,从武汉出发。出发之前每个人都要写好三样东西:一是遗书,一是请战书,一是入党申请书,缺一不可。我是空军高炮兵中的一员,具体是在空军高炮侦察班,主要任务是为首长指挥部服务。刚到前线的那几日,连续好几个晚上都没有睡觉,忙于地下指挥所的布置,日子过得很紧张,不敢有一丝的懈怠。1979年2月17日,对越自卫反击战打响。

张 当时您多大?

李 19岁。

张 面对战争,您害怕么?

李 不怕,也没有过一丝退缩的念头。战前动员是十分有效的。我们出征前会有一套完整的政治动员,由指挥员给战士们谈中国从古至今的盛衰更迭。封建王朝时代,中国曾经在世界上处于强盛地位,直到清朝中晚期,才出现国际地位的严重滑落。落后就要挨打,国家的落后给人民带来了深重的苦难。新中国成立以后,中华民族全面复兴,中国在国际社会中的地位也稳步提升。这样的时候,越南却犯我国土,那么我们应该怎么办?这种动员让我们热血沸腾,没有一个人怕死不敢去的。

1979年2月,李英杰参加对越自卫反击战

张　对越自卫反击战2月17号打响,什么时候结束的?

李　是3月16号撤军的。但我们是1979年6月3号返回武汉的。

张　这样说,从1978年12月23号离开武汉到1979年6月3日返回武汉驻地,中间您有半年的时间是在前线的?

李　确实是这样。

张　在前线可以和家里人联系么?

李　完全不可以,部队是明令禁止的。

张　写家书可以么?

李　在前线的时候主要是条件不允许,我在侦察排,也没有固定的收信地址。

张　那么,在参加对越自卫反击战之前,您有没有给家里人写过信,告诉他们自己要上战场了?

李 当时我们接到任务也很突然。因为当时武汉军区空军司令员到北京去开会，开了会以后马上就传达上级指示，马上去部队调防。一到前线，部队番号就要改变。我所在的部队原来叫八六八四零部队，后来改了一个名字，我现在记不起来了。还有，在前线这段时间是没办法给家里人写信的。

张 突然没有了音讯，家里人肯定担心了。

李 那是肯定的。后来听邻居们说，母亲非常着急和担心，说什么人家当兵不打仗，我儿子一当兵就打仗。那段时间，还有许多谣传，更让家里的人担惊受怕。说是骨灰盒还分好多种，有红颜色，有黑颜色，不同颜色代表的意思不一样。黑颜色表示是当逃兵被击毙的，红颜色表示是为国捐躯的烈士。我母亲最怕有人往村子里送骨灰盒，害怕啊! 尤其害怕送来的是黑色的盒子。后来她开玩笑说，要是我儿子在前线没了，最好送来的是红颜色的盒子，死得光荣，不要黑颜色的盒子，做了逃兵，全家跟着永世不得翻身了。不过还好，最后我平安归来。我回到武汉以后，我母亲就想到武汉来看看我是不是真的活着。她不相信啊，因为没有亲眼见到我。她不认识字，一个人不敢出门，想跟我们村上同一个大队里的另外一个家属一起来，那个人也不识字，最后还是没来成。

张 参加对越自卫反击战前的那封家书里有没有写是要执行什么任务?

李 这个没有提，当时比较敏感嘛，只说了执行任务的时间可能比较长。再一个，我考虑到，如果跟家里人说是要去前线，家里人听了肯定是要着急的嘛。就说执行任务去了，时间可能比较长，这段时间就不写信回来了。不过，战争一打响，广播里就开始全面宣传了。虽然我没有说去执行什么任务，他们还是猜出来我去了前线。从越南撤军以后，部队通知可以写信了，才写信给家里报平安。我能活着回来，母亲一开始还不相信。

张 所以您才说，她想去武汉驻地看您?

李 对，她很想亲自来确认一下。但从江宁到武汉距离还是挺远的，我母亲又不识字，出远门很不方便。那时没火车，只能坐船。从江宁到武汉是逆水，船行得慢，要几十个小时，在船上住两个晚上。回来时是顺水，可能会稍微快一点。她不识字，就不敢冒险了。

张 一样的，就像现在有些人完全不认识英文的话，要一个人出国，也是不太敢的。

李英杰（前排左三）在广西参加对越自卫反击战时，在营指挥排地下指挥所门口，指挥排侦探班全体合影（前排左一是班长谢建明，左二是张赐德，后排左一是薛平贵，左二是王吉元，左三是周桂荣）

李 对的，就是这个道理。

张 从1978年12月离开武汉到1979年2月上前线，中间近两个月的时间您去了哪里？

李 部队拉到前线去是要有时间的。另外部队拉过去以后还要构筑工事。各个火炮要进入阵地，阵地上面要构筑工事，还要挖地下指挥所，等等。我们地下指挥所就挖了好长时间。整个地下指挥所的功能就是要防止飞机轰炸。

张 当时您是先头部队，是侦察兵，肩负着很重要的责任，关系到一个团的安危。大大小小的战斗您肯定也经历了不少。现在想来，还有记忆深刻的战斗吗？

李 我们先头部队的任务就是设计好所有炮团、所有炮兵的攻击位置。一个连队有八门炮，位置如果没有布好，就会出现后炮打前炮的情况。另外，炮兵的位置也要设置准确，便于隐蔽。炮兵还有一个最关键的注意点就是，火炮是不能倒车的，只能朝前走，所以只能由侦察兵提前把所有的路线都给炮兵标记好，然后才能指挥好火炮的前进路线。你想想，火炮炮兵阵地，一旦走进去了，如果前边没有路，那火炮就出不来了，那会是什么情况？我们部队那个炮很大，是57炮，对空可打8 000米，100炮对空可以打16 000米。那个时候还没有什么导弹嘛，作战主要是用这样的高射炮。

张 您说的"攻击位置"是什么意思？

李 布好炮兵位置。就是炮兵出发之前，每门炮放在什么地方要提前安排好。炮与炮的距离要控制好，都要提前测量好。我们连队的大炮主要是朝天打。

张 这里边会涉及很多数理化的知识吧？

李 对，有很多数理化的知识和军事常识。其中一个就是我们当时在前线都是用密码传递信息的，不能用正常的语言来说，不然大家都听得懂了。

张 讲密码啊？！当时你们连队打仗了吗？

李 越南的飞机没有起飞。

张 幸亏呵，不然更危险了。

李 对，越南的飞机总共有几百架，但是他们没敢动。我们的飞机从广西这边的田阳机场、吴圩机场、宁明机场三个机场起飞。云南那边也有三个机场，每个机场八架飞机同时上去。我们的飞机在越南的领土上空飞，气势上就压住了他们，越南的飞机根本就没敢飞。

张 这是战略上的一种威慑吧。

李 一方面，对越自卫反击战中炮兵和空军的配合很好，打乱了越南的战略部署；另一方面，在战争中暴露出来的问题，为解放军现代化建设指明了道路。

做首长的"千里眼"

张 部队撤军后回到武汉,您又在部队待了多久?

李 我们是1979年6月份从战场撤兵回到武汉,两年多以后,1981年11月复员回家的。

张 这样算来,有两年多的时间了。从越南战场回到部队之后,您日常的军旅生活是怎样的?

李 首先是日常的训练,除此之外我也做文化教员,主要给战友们补补数理化方面的知识。前面说过,我读书期间虽然遇上"文革",没有条件好好学习,但我自己还是比较认真的,特别喜欢数理化,跟同年代的大多数人比,基础还算是好的,所以战友们在学习军事课程的过程中如果有需要补习的内容,都愿意来找我。除此之外,我还喜欢写写小文章,往《空军报》一类的部队报刊上投稿。平时训练结束后喜欢和战友们一起打打球,一般是打篮球,周末也会去打乒乓球。几乎所有的文体活动我都很喜欢。

张 能谈谈和平年代您在部队的日常训练主要有哪些内容吗?侦察兵的训练不同于别的兵种吧?

李 侦察兵的主要任务是做首长的"千里眼"和"顺风耳"。

张 哈哈,"顺风耳"是做什么?

李 给你看一张转接首长电话的照片。

张 好珍贵的老照片,年代感很强,像电视里谍战剧的镜头。那怎么做首长的"千里眼"?

李 日常训练就与这个任务有关。一个是飞机识别,我们要识别苏联的飞机、美国的飞机,有几百架次、几百种型号。训练的方法是:在100米以外或者200米以外放

李英杰（前排右一）1981年从指挥排复员时留影

1978年，李英杰在武汉营指挥排作战指挥所转接首长电话到连队

一个飞机模型，前边用东西挡住。我们就拿着望远镜看，当遮挡的东西拿掉后，要求在3秒钟之内就能说出是哪个国家、哪种型号的飞机。如果真的打起来，到时候朝天上一看就知道这是什么飞机，高度多少，距离多少，是直行进还是侧行进。然后将信息准确地报给炮兵部队，让高炮朝天打。

张 凡是训练就有达标标准，这项训练的要求是什么？

李 对视力要求比较高，眼睛要好。100架飞机错3架以内，军事考核才能算及格。假如低于97架的正确率，就是不及格。

张 有难度的！

李 那个时候美国的飞机有F4、SF1，苏联的飞机有米格21、米格23、米格25，还没有米格27。轰炸机像苏联的轰炸机、美国的轰炸机，总共有几百种型号吧，都要能很快识别出来。识别飞机型号是侦察兵的一个基本能力，任何一个侦察兵都要具备这种能力。

张　几百种型号的飞机,要在很短的时间内识别出来,不像我们想象的那样,以为部队训练就是跑跑步、练练体能之类。

李　既要眼睛好,又要记得住。有时候从很远的地方用望远镜看,飞机看起来都是差不多的。从望远镜里看3秒钟,望远镜一拿掉就要把飞机型号报出来,报不出来就算错误。

张　视力要好,脑子要好,记忆力也要好,反应还要快。那侦察兵有没有身高的要求,比如不能太高?

李　没有。我们当时身高大概都是在一米七到一米八之间,好像没有特别高的,也没有太矮的。

张　空军应该是有身高要求的。

1978年,李英杰在武汉营指挥排作战指挥所训练飞机方位标注

1979年，李英杰（前排左一）所在侦察班全体合影

李　我们是按照空军的要求体检的，当时检查视力是看字母"C"的开口，我的视力很好，是2.4，不过现在老花了。有人说年轻的时候眼睛越好，老了衰退得越快。

张　当时视力正常是多少？

李　2.4是最好的。看"C"比现在看"E"更难，远看就像一个圆，分不清开口。能选进侦察班的人，虽然没有身高、文化等方面的要求，但在新兵营训练时各方面应该说是比较优秀的。记得在新兵连第一次打枪，每人十发子弹，打到90环以上的人才有资格被选到侦察班去。我所在的排叫指挥排，指挥排有三个班，一个侦察班，一个报话班，一个电话班，属于首长的指挥系统。所以部队拉到前线去，首先就是侦察班要挺身而出。首长指挥所在什么位置，各个炮兵连队安排在什么位置，他们的炮兵阵地在什么位置，一定要给规划好，这个是侦察班的职责。

张　除了您说到的这些很特别的地方外，侦察兵训练时跟其他兵种有相似的内容吗？

李　最基本的队列训练、急行军、晚上的紧急集合,还有在不开灯的情况下,三分钟之内打好背包,全副武装跑到操场上站好,等等,都是一样的。

张　早上要求几点起床呢?

李　比较早,五点半起床打扫卫生。当年在部队搞卫生,大家都是抢着做的,头一天晚上就要把扫帚看好、放好,不然第二天早上你没有打扫卫生的工具,只能看别人做,会很丢脸的。部队里边卫生搞得很干净。内务卫生打扫结束后,就是个人洗漱,然后跑步训练。训练结束后吃早饭,接着才是基本的训练,包括队列、擒拿格斗等。

张　把扫帚看好?哈哈,很有趣,生怕扫帚跑掉一样。急行军有没有负重前行的训练内容?

李　有。要练习匍匐前进、负重前行、打背包、全副武装。我们跟步兵的负重前行有点不一样,我们是三分钟之内紧急集合全部到位,并且要把机器设备全部架好,该做的全都要做到位。

1978年,李英杰在部队驻地龟山(武汉长江大桥北面)

张 最苦的时候应该就是在新兵连那段时间吧?

李 对,三个月的新兵连生活是最苦的。

张 有没有人受不了,三个月根本坚持不下来的?

李 有半夜里哭的,有给家里写信的,也有少数受不了跑回去的。刚开始这三个月是非常难熬的,每个人都很想家。但过了这三个月,进入老兵队伍以后就好很多,基本上半年以后就不会很想家里人了。因为那个时候跟部队里的人也熟悉了,训练也开始习惯了。大家还在一起打篮球、乒乓球,或者几个要好的战友会一起快走,边走边交谈。我们部队当时在武汉市长江大桥旁边的龟山,也就是现在的湖北省电视台所在地,山上风景很好,有时候我们会沿着龟山走一圈。

张 伙食应该还好吧?

李 伙食一般,不过我们的伙食费标准稍微高一点点。部队就是保证你吃饱,不管什么时候,只要你说没吃饱,会马上给你做,这一点我觉得部队做得非常好。假如你生病了,马上安排给你做病号饭,有面条,加两个水煮蛋。吃饭是自己打米饭,想吃多少吃多少,但菜是定量的,每个人拿一个小盆打菜,大概有两三个菜,每个菜打一点。

张 都是年轻的小伙子,肯定都是比较能吃的。

李 对,部队吃的方面是能保证的。不说吃得好,吃饱肯定没问题。到前线去的话伙食费会增加一倍,相对来说就会吃得好一些。平时我们自己会种很多蔬菜,比如青菜、韭菜、菠菜、大蒜等都种,并且还经常搞比赛,看哪个班种得好。这种做法,一是利用空余土地,二是丰富战士们的饮食,挺好的。

扎根雷允上

- 在六神房里，配料、制作糊块、制药粉、起模、成型等各个核心工序分解掌握在6个技工手里。制药工们各司其职，互相之间不允许打听是第一原则，当然也都签订了保密协议。六神房里，各个步骤之间的配合很重要，从起九模，到层层加大至成型，一步一步都需要精细控制。

- 在雷允上所有的生产车间中，我们六神丸车间永远是卫生状况最好的。我们获得过包括红旗设备在内的很多优秀车间的荣誉。

- 他（徐志超）用身教来告诉我们应该做什么，不应该做什么。一般情况，都是他做，我们在旁边观摩学习。他完成一个流程，所有要学的东西就在里面了。

- 一个好的制丸师傅泛丸转药匾，手上是不会起老茧的，虎口那里也不会破，手臂也不会酸痛，因为身上使出的力气都转到被翻转的六神丸那里了，而熟练师傅所用的每一分力气又都刚刚好。

- 感觉自己的工作得到了认可和回报，就有了继续做下去的动力。实际上，获得金质奖、银质奖对于个人来说并没有经济上的回报，也没有荣誉上的表彰，什么都没有。但是集体的荣誉，不就是个人的荣誉吗?!

落地苏州

张 您退伍之后就直接到苏州了吗？

李 是的，到了苏州。1985年在苏州结婚，1986年生小孩，从此就定居苏州了。

张 按照部队当时的分配原则"从哪里来回哪里去"，您的祖籍是南京，怎么会被分配到雷允上的？

李 当时苏州医药集团公司给我们部队写了一封公函，大致意思是建议我复员后回苏州顶替父亲李根生的工作。在此之前，1980年吧，我趁着探亲的机会，专程到苏州来过一次，那是我第一次到苏州。我从出生一直到18岁当兵，其间一次都没来过苏州。我父亲是五十多岁时才有了我，和我相处的时间也很短，所以我对他的工作性质及内容不是太了解。那时过年时，他回到家，会跟我们聊聊天，说说他在苏州的事情，但因为我当时年纪还小，没有特别放在心上。

张 您还记不记得您第一个月的工资都用来干了些什么？还有印象吗？

李 我第一个月的工资是31块钱，这个记在我的工作日记里。

张 哇，您有写日记的习惯！

李 工作日记。

张 您愿意公开一部分么？

李 哈哈，不在这边，也有些散乱。

张 那您是怎么分配这31块钱的工资的？

李 那个时候刚到苏州来，住宿舍，吃食堂，所以先去买了一些菜票。还有，从部队回来没有衣服穿，又去买了几件衣服。买完这些东西还存了几块钱。

张 那时候就有存钱意识了？

李 当时倒没有考虑那么多。单位分房住，也没有买房的意识，只是稍微存一点钱,想着可能会有什么用处,因为我母亲在农村没有收入,我还没有结婚。

张　您只有一个孩子吧? 您那个时候已经开始计划生育了?

李　是的,我们这一代都只有一个小孩。

张　您跟我父亲相差两岁,差不多的年代,听说那个时候生两胎的话是要丢工作的。

李　对,肯定要丢工作的。特别在我们江苏地区,那肯定是不行的。

张　太对了,江苏国企里工作的人尤其不行。

李　像在河南、四川、安徽那些农村地区有可能生两个,管得松一些,还有农村的观念也相对落后些。在城市工作,在国企工作,凡是有稳定职业的,就被管得紧,谁都不愿意,也丢不起饭碗。

张　您是结婚之后很快就要孩子了?

李　比较正常吧,没有刻意地追求要还是不要孩子。我是26岁结婚,27岁生小孩的。生了一个女儿,属老虎。

张　女儿一直跟着您在苏州?

李　一直在苏州。

张　您和夫人是怎么认识的?

李　通过别人介绍的。她是苏州人,我的岳父岳母都是苏州人,不过跟我一样也都是新苏州人。岳父原籍江阴,岳母是无锡的。

张　怪不得您会讲苏州话,太太是苏州人,近朱者赤。

李　说苏州话,只要不怕难为情的都会说。我的苏州话,外行听听还可以,苏州本地人听还是会觉得有点外地人口音的。

张　学语言其实是需要天赋的,您是不是这方面的天赋很好?

李　我老丈人是江阴人,他到苏州时的年纪比我要小,十几岁就来了,可是到现在他还是一口江阴话,一句苏州话都不会讲。

张　江阴归属于无锡。无锡话不是跟苏州话很像嘛。

李　虽然两地相隔不远,但语言还是有蛮大差别的。一般来说呢,女孩子的语言天赋要强一点,男孩子差一些。但我还可以的。我那时在外边当兵,武汉话也会讲一些。

张　是这样的!

李　学习说方言,一定不要怕难为情。你怕难为情,就讲不出来,你不怕难为情的话讲讲就会了。

张 越讲越像。

李 越讲越像。你讲得不好,人家纠正你一下,就记住了。

张 学语言就是在使用的过程中进行的。您岳父不会说苏州话,但是能听懂的吧?他是从事什么行业的?

李 听得懂,毕竟他来苏州几十年了嘛。岳父在苏州市轮船公司工作,开杭州班的,从苏州开轮船到杭州,从京杭大运河走。岳母在山塘街一个点心店工作。

张 京杭大运河的夜航船2012年之后就没有了吧,要坐一夜才能到杭州,挺辛苦的。

李 现在交通发达了,开车只要一个多小时,大家可能不太愿意坐船了。我们那时从苏州去杭州没有高速公路,只有水路和公路,厂里的班车去一趟杭州要开四个多小时。

张 您太太跟您是同行吗?

李 她原来在苏州针织内衣厂,当时是苏州最大的针织加工企业,在苏州南门那边。但是这个厂的效益不好,大概1998年或者是1999年,倒闭了。在倒闭之前,已经有三个月发不出工资了。她下岗之后,我们企业领导知道了这个情况,为了帮助我解决后顾之忧,就把她调到我们雷允上来了。过来之后就去了仓库管理部门,在仓库做保管员。

张 雷允上的领导阶层很人性化,这样安排可以让您更安心地工作。听说您女婿很优秀,是清华的博士后。

李 对的。

张 他在外地还是在苏州?

李 他现在在苏州。

张 那您有福气了,这相当于半个儿子。

李 他去年刚刚来苏州参加工作,但他有一个国家项目要完成实验,所以明年2月份,也就是2018年2月25号,要到英国帝国理工学院去一年。

张 您还记得初到六神丸车间的时候,是怎样一幅场景么?

李 我先说说六神丸的包装车间。车间内的工人们是"全副武装"的,每人一张操作台,操作台上的抄板和小漏斗是他们灌装小瓶的秘密武器。你知道,六神丸主要是10粒一瓶的。

六神丸灌装车间现场，图中药工左手所执为铜质小漏斗

张　当时的抄板是什么样子的？

李　是一个有着10个小孔的抄板，小漏斗是铜质的，很精巧。用这两样东西可以准确无误地将10小粒六神丸舀起来，还能精准地灌装到直径不过三四毫米的小瓶里。

张　在不违反保密规定的前提下，能说说当时六神房的场景么？

李　在六神房里，配料、制作糊块、制药粉、起模、成型等各个核心工序分解掌握在6个技工手里。制药工们各司其职，互相之间不允许打听是第一原则，当然也都签订了保密协议。六神房里，各个步骤之间的配合很重要，从起丸模，到层层加大至成型，一步一步都需要精细控制。

张　果然是配料严谨，制作精细，过程繁复。您在这样的场所学艺11年？

李　是的。在学艺的过程中，我自己也在成长。有人觉得重复、乏味、寂寞是这条学艺之路上最大的"关卡"，而我的体会可以用三个词表达：精准、沉静、富有成就感。

李英杰在检查六神丸的配料

师父徐志超

张　我们知道，您师从徐志超，那么入门之时，有没有什么拜师礼之类的仪式？

李　我过来的时候好像没有行过拜师礼，当时不流行这么做。前面我说过，苏州医药集团公司要找传承人，就写信到部队去，希望我退伍之后到雷允上学习六神丸制丸技艺。当时我师父已经四十多岁了，他是跟我父亲学的，我过来可能更加方便一些。

张　从师学艺没有正式的仪式，参加工作就算是拜师了。那出师时有什么标准？还是就水到渠成了？

李　水到渠成，也没有举行什么专门的仪式。我一直跟着他干，他做什么，我就做什么。

张　什么时候开始您可以独当一面呢？

李　两三年之后，基本上把各方面的技艺都掌握了。

张　六神丸的制丸技术这么难，1 000粒才3.125克，您是不是天生手特别巧？

李　这个谈不上，就是水到渠成，要的是熟练功。

张　好多人都学习了六神丸制丸技术，但"非遗"的传承人一代只有一位啊，您还是太谦虚。徐志超师傅是不是就收了您这一个徒弟？

李　应该说在我之后师傅还收了另外一个徒弟，叫施文斌。那张照片上给我们抄药的那个人，就是他。当时生产任务重，人少忙不过来，就收了施文斌。后来他离开车间去了销售部，现在离开销售岗位，自己在外边跑业务了。现在我们还来往，基本上每个月都要碰一次头。

张　他已经离开雷允上自己干了？

李　对，离开雷允上了。他好像对从事生产这块不是太乐意。为什么呢，六神丸的生产方式其实是比较枯燥乏味的，工作量又大，药物还有刺激性。一般人做这个工作都会感觉到没意思，会想到外边去闯一闯，文斌就是这样想的，所以从车间去了销售部。他在销售部做了很多年，不过现在我们的销售队伍里年轻人居多了。

张 施文斌先生到六神丸班组之前在雷允上做什么？

李 当时他高中毕业以后就被派到厂里做运输工。那时候我们厂里需要一批小伙子做运输工，负责搬药，这些搬来搬去的工作要有一定力气的小伙子来做。他先是做这个工作，后来才被调到车间来的。

张 还是要坚持才能成功，车间的工作还是比较苦的，像您说的又脏又累。那时候的师徒制，是指同吃同住那种吗？

李 我和徐志超师父不住在一起，上下班也是分开的。但上班的时候吃饭肯定是在一起的。他当时已经结婚，有小孩子了，住在山塘街，我住在厂区宿舍。

张 山塘街附近也有雷允上的门店？

李 山塘街那边原来有门店，现在搬走了。

张 师父对您要求严格吗？

李 他的话不多，但他的要求比较高。他叫你干活，是不会直接叫你的，他是自己先进去干，我们看到他进去了，就赶快跟着进去。假如他看到你还没进去的话，就会把工具弄得很响很响，让你听见了赶紧跑进去。

张 这样是不是更威严些？

李 他的脾气就是这样！时间长了嘛，我们知道他的习惯了，所以一看到他去干活，或者一听到声音就会马上冲进去。他的要求比较高，首先，干活一定要干净利落。包括发丸、筛丸，不能拖泥带水，地上还要弄得干干净净。工作干完了，所有的机器设备都要擦拭得干干净净，不能有一丝丝灰尘，他自始至终是这样要求我们的。在雷允上所有的生产车间中，我们六神丸车间永远是卫生状况最好的。我们获得过包括红旗设备在内的很多优秀车间的荣誉。其他车间就不一定评得上了。因为我们养成了这个好习惯，随时随地都不怕检查。现在我们雷允上四个车间的主任全是我们六神丸班组出来的，都养成了这个习惯，就是干完活，从墙面到机器设备底部全部都要弄得干干净净，设备要见本色，不能有任何油污在上边。这个传统是从师父那时候开始养成的。我把这个习惯执行下来了，一方面，是对师父的缅怀和尊敬；另一方面，我是当兵出生的，部队对行为规范有严格的要求，早晨起床后，被子要叠得方方正正、有棱有角的，杯子、脸盆也要摆放得整整齐齐，帽子要排放在一条线上。干干净净，整齐划一，师父起到了一个非常好的表率作用。

张　他用行动表达出对你们的要求！

李　他用身教来告诉我们应该做什么，不应该做什么。一般情况，都是他做，我们在旁边观摩学习。他完成一个流程，所有要学的东西就在里面了。但他不会解释给你听，就是示范，让我们自己揣摩。

张　每次干完活都要打扫干净？

李　是的，因为车间里生产的时候灰尘是很多的，六神丸打粉、粉碎这些工艺流程都会产生许多灰尘。除了灰尘多以外，还会有很强的刺激性。我们工作的时候是要戴12层纱布口罩的，发丸的时候一个上午就要更换三次口罩。粉质在发丸的过程中会扬起来，鼻子吸到会打喷嚏，鼻涕会跟着打出来，那就要换一个口罩。打喷嚏厉害的时候鼻黏膜都要破了，鼻血都要打出来的。由于六神丸里边有蟾酥

2003年6月，李英杰在雷允上生产车间传授微丸技法

这种物质，所以制丸的过程中粉质刺激性非常大。有时候工作结束之后，到食堂吃饭，嘴里边一点味道都没有，因为干活过程中或多或少会吃进一些蟾酥，让口腔麻木。

张　听说徐志超先生走得很急？

李　是的，他生病之后，过了一年就去世了。

张　他什么时间过世的？

李　徐志超师父是2001年3月4日逝世的。葬礼是2001年3月6日举行的。

张　您师父得了什么病？

李　脑瘤。

张　大体是怎么治疗的？

李　先是去上海做了伽马刀治疗，其他的各种治疗也都做过，但是后来发现是胶质瘤。

张　胶质瘤比较顽固。

李　最后没有治疗成功，他去世的时候年纪也不是很大，五十几岁，六十岁还不到。

张　他的葬礼您参加了？

李　当然当然，我肯定去的。不光葬礼，从他生病开始，他的头发都是我给他剃的。其实，他没有得病之前，要理发了，就是我帮他剃的。住院的时候，要做各种检查，手推车上上下下的也都是我去。

张　徐志超师傅的葬礼您还有印象吗？厂里人都去了吗？现场是怎样的呢？

李　当时厂里的人也没有全去。徐志超师父毕竟是新中国成立后六神丸制丸技艺的第二代传人，当时雷允上的几个领导和大部分老同志都去了。

张　徐志超先生生前在雷允上有没有担任什么行政职务？

李　他做过办公室副主任，后来生病就一直休息，生病大概有一年多时间。

张　他病重时在哪家医院住院？

李　就住在苏大附二院。

张　您刚刚给我看的您跟徐师傅的合照，是在什么情景下拍的？

李　这张照片好像是我们开职代会的时候拍的，当时我们两个在职代会的场外拍了一张。

张　这是目前仅有的一张合照？

李英杰（右一）与师父徐志超（左一）

李 只有这一张合影。我们那个时代相机是稀罕之物，一般私人是没有的，不像现在人人有手机，拍照是随手就能完成的事儿。单位开大会的时候会派专门的摄影师来拍一张。这张照片的拍摄场景我记不太清楚了，好像是开职工代表大会，厂里工会派工作人员去拍现场了，正好我们两个在那里，就叫他过来帮我们拍了张照片。

苦练基本功

张 六神丸被称为"神奇的小药丸",这些小药丸究竟有多小?为什么会被称为微丸?

李 我只说两个数字,你就知道它有多小了。单颗直径0.8毫米,重3.125微克。

张 令人惊叹!甚至已经超越了机器生产的极限。这更让人好奇了,这样的微丸,是用什么样的工具做成的?

李 只能靠人工。一张竹匾、一碗酒、一盆药粉、两把刷子。

张 只此四样?

李 够了。当然,离不开好的制丸师傅。

张 一碗酒是用来干什么的?

李 酒主要是用来化蟾酥的。

张 很多媒体资料上都注明蟾酥是六神丸的主要原料,是这样么?

李 嗯。蟾酥是蟾蜍耳后腺及表皮腺体的分泌物,白色乳状液体或浅黄色浆液,有毒。刮出来的浆液经过干燥、上色、密封以后可以入药,主要用来治疗小儿疳疾、脑疳、背部疔疮及一切毒肿。

张 刮浆一般都在什么时间刮?

李 苏州雷允上历年来都是在农历的五月至八月在太湖边用一批小船沿着运河出发,到江阴、丹阳、靖江、太兴、江都等地的河边捕捉癞蛤蟆(蟾蜍)。

张 听起来并不容易。捕捉有没有什么技巧?

李 方法就是晚上在旷野里用油灯照亮,癞蛤蟆就会自动出来。捕捉后装船,走水路运回苏州,作为生产蟾酥的原料。

张 能简要说说蟾酥是怎样刮取的么?

李 雷允上有个讲法叫作"面刮蟾酥"。捕捉回来的蟾蜍先用清水冲洗干净,再用铁夹刮取活蟾蜍眉间的酥浆。刮酥的时候,要特别注意不能把蟾蜍的血肉刮下来,要保证蟾酥的纯净。将刮下来的蟾酥晒干,这样做出的蟾酥纯净度要优于市场供应的"客酥"。

张 刮蟾蜍的时候有没有什么技巧?

李 刮蟾酥的时候有很多技巧要注意。我随便列一些技巧。蟾蜍捉回来以后可以喂一些大蒜、辣椒等腥辣的食物,或者用小木棍轻轻敲其头部,刺激它分泌浆液,然后用金属夹、竹夹或者牛角刮刀挤压,刮取浆液。刮浆的时候用力要适度,太重了容易伤到蟾蜍,还容易混入血渍或肉碎屑,太轻了一次得到的浆液太少。分次采集癞蛤蟆的浆液更科学。此外,李时珍还说过,这种浆液不能入目,否则会使眼睛红肿失明,但可用紫草汁洗眼、点眼,即可消肿。

张 听起来已经很复杂了,做起来一定更难。

李 需要一定的技巧和练习。

张 虽然六神丸的制作技艺是绝密的,但我在上海中医药大学图书馆查阅文献的时候也了解到一二。《雷允上诵芬堂方》中有记载:六神丸需珍珠粉、犀牛黄、麝香各4.5克,雄黄、蟾酥、冰片各3克,上述配方各研细末,用酒化蟾酥,与药末调匀为丸,如芥子大,百草霜为衣。在这样一套制作流程中,您认为最难掌握的是哪个步骤?

李 万事开头难,六神丸的制作也是这样。要做丸药,先要会端药匾。不会端的人感觉药匾像块大石头,会端的人药匾就像他身体的一部分。

张 为了把药匾端好,您是不是手上也有很多老茧?

李 其实并不是大家想象的那样。六神丸制丸班组的熟练师傅手上应该都没有老茧,做别的事情磨出来的不算在内,没有人因为端六神丸药匾而一手老茧的。只在最开始练基本功的时候会磨破皮,会流血。

张 为什么没有老茧?

李 主要是因为六神丸的制作是精细活儿,虽然也累也苦,但更像是外科大夫的工作。你看他们不断在做手术,但是会有老茧么?没有。学习六神丸制丸技艺之初,手上会磨泡,会流血,后面就不会了。我父亲跟我说过,一个好的制丸师傅泛丸转药匾,手上是不会起老茧的,虎口那里也不会破,手臂也不会酸痛,因为身上使出的力气都转到被翻转的六神丸那里了,而熟练师傅所用的每一分力气又都刚

李英杰早年泛丸照片

刚好。

张 翻转药匾主要是怎样一套动作?

李 翻转药匾最主要的两个动作是翻和转。但你不要小看这两个动作,在制丸的时候可是千变万化:大翻、小翻、前搭、后搭、大转、小转……出师之前的三五年内,反反复复地就是练这两个动作,但其中的巧妙之处又只可意会无法言传。

张 感觉枯燥么?

李 这里面有一个心理变化的过程。最开始的时候是充满荣誉感和兴奋劲儿的,毕竟六神房不是人人都能进的。后面会有枯燥的感觉,因为还没有掌握真正的技巧嘛,翻来转去也不见什么成效。再往后领悟到巧妙之处,就又觉得成就满满了。你看那一颗颗比鱼子还小的丸药在药匾里跳跃,从自己的手中诞生,微小、紧密、圆整、均匀,1 000粒才3.125克,很有成就感。天天在六神房里做同样的事,有的人觉得像是一种禁闭,在我看来,像是一种享受。全身心地投入到一件事当中,你会感觉世界也变得纯净起来，单纯得很美好。

张　真是堪比微雕艺术！

李　这样的微丸服用下去，药物成分能够快速、稳定、均匀地释放，疗效很好。

张　这项技艺很难。您之前在接受《本草中国》采访的时候也表示，即便是现代工艺用机械化的方式也很难完全取代雷允上手工制丸的技术，是吗？

李　现代化的设备在我们微丸制作方面还受到局限，目前没有什么特别适合的设备能够替代人工，特别是在对潮丸进行筛选的时候，机器筛选不如人工筛选的效率高。人工筛选不仅能保证药丸大小均匀，还能保证筛眼不被堵死。机器筛丸呢，我们以前也做过，常常出现三种问题：一是筛出的药丸大小不均匀，有符合要求的，也有比要求小的，还有很多碎的；二是容易堵住筛眼，这样一来还要清理筛眼；三是潮丸筛不下去的时候，反复被机器抖动，互相挤压之后就碎掉了，越发麻烦。所以说，到目前为止，还是纯手工筛选。有经验的上手师傅通过肢体的运动，能够保证筛网不被堵住，小的药丸在上面，大的药丸在下面。

张　您筛丸的时候也要戴口罩么？

李　要戴的，一方面是为了保护鼻腔，更重要的是要遵照严格的消毒制度。

张　是怎样严格的消毒制度？

李　正常情况下进入一般的制药车间只需要一次换装。进六神丸车间需要两进更衣室。先进入第一间更衣室换鞋、上衣、裤子，洗手。然后再进入第二间更衣室，再次换鞋、上衣、裤子，戴一次性口罩，双手喷消毒酒精。全身防护，只露一双手和一双眼睛，严格而烦琐。

张　这样复杂的消毒程序，是每次进入车间都要做的么？

李　是的。所以六神丸车间的人常常被厂里同事称为"神秘人"，因为消毒程序比较复杂，六神房的人一旦进入工作间，除了吃饭的时候，一般都不出车间，免得还要重新消毒。这样一来，和厂里同事碰面的机会就少了，总是"神龙见首不见尾"。

张　您说的以前用的12层口罩，上半部分有没有设计铁丝来固定在鼻梁上？

李　没有铁丝的，就是普通的纱布口罩，只是层数多一点而已。口罩戴好了以后，鼻子上面总归有缝隙的，干活的时候会吸进去各种粉尘，接着嘴巴和鼻子就会产生各种反应了。

张　六神丸班组里有工人因此引发鼻炎么？

李 我们班组鼻炎倒是没有发生,可能跟六神丸本身有消炎成分有关,主要难过的是打喷嚏带血,嘴巴很麻吃饭不香。整个制丸过程的确是挺累的。

张 会羡慕别的工作岗位上的人么?

李 会。那时候最羡慕坐在科室里的人,坐在科室里干干净净的。很累的时候会想,我什么时候能坐到科室里面去,不用干这么累的活就好了。我们那个时候做百草霜,就是六神丸外部包衣用的那一层黑色部分,它实际上是山区人家烧灶头之后的锅底灰、烟囱灰。山区的灶头灰跟我们江南人家稻草、麦秆烧过之后产生的灰烬不同,他们用的燃料主要是山里面的各种草,我们称之为"百草",各种各样的草割下来之后晒干变成燃料,这些燃料燃尽之后附在锅底或烟囱中,这些烟墨可以拿来入药。我们六神丸就是用这个百草霜来包衣的。山区人家灶头、锅底、烟囱中刮下来的黑色烟墨,收集来了之后要先做粉碎处理,研磨至轻细粉状,像霜一样轻薄,然后再拿来包衣。这味药本身也是清凉解毒的。但是粉碎研磨的时候就辛苦了,粉碎好了以后要筛成极细粉。我们要用120目的绢筛来筛选这百草霜,这样筛下去的极细粉才能包在六神丸外面。筛的时候戴着风帽、戴着口罩,但是灰还会扬得到处都是,到最后干活的人整个脸、整个身体都成了黑的。所以,干完活第一件事就是去浴室洗澡。

张 百草霜是集中制作的吗?

李 一般是集中制作。一年最少做个两三次,将一年中六神丸生产所需要的包衣都准备好,用的时候就称出来几公斤。还有制作蟾酥的过程,现在回想起来也是印象深刻的。蟾酥作为原料进来的时候像砖头那么大,我们首先要把它砸成一片片的小块,再放到粉碎机里面加工。粉碎的过程中操作人员也会不断地打喷嚏,声音很响。我们班组有个规定,如果遇到工作内容是打蟾酥粉的日子,完成之后可以额外地增加半天休息时间。所以这个工作虽然辛苦,大家还是没有怨言的。换来的休息时间,我们一般都舍不得用,积攒起来,等家里有事的时候再休息。

张 您的收入会不会比办公室里的人高一些?

李 不高的。那个时候收入总体不高,六神丸班组也和其他员工的待遇一样。我们之前谈到的高收入是指新中国成立前、公私合营前,我父亲那一辈收入是高的,他的收入和雷允上厂长的收入一样高。和我父亲一起的几个老药工收入都是很高的,九十多块钱一个月。这个工资水平一直保持到我父亲退休。退休工资在这个基础上打七五折。正常企业按照工龄长短来打折,一般是打七折,工龄长的人就是七五折。到了我这一代，收入都是和普通员工一样的。我当时从部队回来就是二级工，二级工工资每个月37.2元。厂里的其他员工，只要是二级工，也是这样的工资。我没有像我父亲那样拿过那么高的工资。科室里面工资定级方法也是一样的，他们级别高，工资也高，所以才会有人羡慕科室里的人，毕竟他们的劳动强度要低一些嘛。

张　建立现代企业制度之后，雷允上有没有将工作难度、工作强度考量到工资标准中去？

李　有这方面的考量。建立现代企业制度之后，在调薪的过程中，开始向一线倾斜，向有专业技能的岗位倾斜。这是一种趋势！

张　这对激发一线员工的积极性还是有帮助的，而且也是一种认可。

李　薪资多一点自然开心，但更多的其实还是一种心理上的安慰，是价值的体现。员工在比较薪资的时候主要还是横向比较更多。

体会此间乐

张 听您说了之后,才知道制丸的过程这样辛苦。那您有没有后悔过,打过退堂鼓?

李 刚到雷允上的时候的确抱着很大的热情,决心要把制丸技术掌握好。做了一段时间以后,感觉到脏、苦、累,有过坚持不下去的感觉,甚至有过打退堂鼓的想法。不比不知道嘛,看看坐在科室里面的人,工作环境干干净净的,天天还可以打扮得漂漂亮亮的,而我们在车间里干活,灰尘满面,喷嚏连天,工作场所主要就是在六神房里。但是再坚持一段时间以后,会慢慢悟出些道理,特别是当我们的产品获得国家质量金质奖之后,非常开心,感觉付出得到了回报。现在国家各种各样的评奖太多了,鱼龙混杂,得不得奖似乎没有那么在乎了,但那个时候,在苏州地界上,拿到国家质量金质奖的顶多两三个产品吧,我们的消炎解毒丸也获得了国家质量银质奖。当时的评选都是盲选的,所以企业和员工都感觉很欣慰很自豪。

张 有了这样的荣誉,会进一步坚定自己的信念。

李 感觉自己的工作得到了认可和回报,就有了继续做下去的动力。实际上,获得金质奖、银质奖对于个人来说并没有经济上的回报,也没有荣誉上的表彰,什么都没有。但是集体的荣誉,不就是个人的荣誉吗?!

张 假如现在时间回到您从部队转业的那个时候,再给您一次选择机会,您是选择去政工科、保卫科坐办公室,还是进六神丸班组?

李 假如再给我一次选择的机会,我还是会选择去六神丸班组学技术。其实,当时我退伍到苏州之后,差点被分配到公安局。我在部队是侦察兵,去公安局很合适啊。后来还是我们雷允上的老厂长和质量科科长他们去跟公安局打了招呼,强调企业需要,好说歹说才把我的档案调到雷允上制药厂去的。我个人没觉得公安局和企业有什么差别，因为当时公安局的收入也不高，跟企业差不多，倒是企业每个月还有6块钱的卫生津贴。

张　正像您所说的，即便再给您一次机会，您还是会选择雷允上，这跟雷允上技艺的传承是否有关？

李　中华文化博大精深，雷允上从三百年前一直传承发展到今天，肯定有它独特的魅力，这是吸引我的地方。为什么六神丸历经了这么长时间，一直能够生存下来？是疗效在说话。天津中医药大学已经通过实验证明，大剂量服用六神丸对急性白血病治疗效果非常好。

张　听说六神丸还是儿童咽喉疾病的首选药？

李　对，六神丸已入选我国《儿科药品示范目录》。研究显示，六神丸对白血病肿瘤细胞、肝癌细胞、肺癌细胞的生长均有显著抑制作用。

张　六神丸何以被列入首选药行列？

李　首先是剂型易于儿童服用，其次是剂量好掌握，再次是安全无副作用，不会产生耐药性，最后是药品价格适中。

张　不愧一个"神"字！

李　从药理来说，这实际上是以毒攻毒！现在中药领域开发的抗肿瘤药物都要用到蟾酥。什么是蟾酥？就是癞蛤蟆身上的浆嘛，把它晒干了以后入药，可以治病，但蟾酥本身是有毒的。天然蟾酥和麝香一样是《中华人民共和国禁止进出境物品表》中国家明确禁止出境的物品，越来越宝贵。

张　天然麝香越来越稀缺，为了弥补麝香的原料不足，是不是有一部分六神丸也开始使用人工麝香了？

李　六神丸确实分人工麝香成品和天然麝香成品两个品种。国家原来有200多个产品要用到麝香，后来国家林业局、国家药监局、国家卫生局、国家工商行政管理局等五部委联合发文，最后定下有四个产品可以用天然麝香，分别是北京同仁堂的安宫牛黄丸、雷允上的六神丸、漳州片仔癀药业有限公司的片仔癀、厦门中医药厂的八宝丹。其他原先用天然麝香的药品全部改用人工麝香来代替，这个规定适用几年之后又增加了一个产品，就是无锡中医药厂的醒脑静。现在国家对天然麝香采取统一分配的办法，一年全国的分配总量在500公斤左右，除了上面说的四个药厂之外，六神丸有我们和上海（雷允上申号）两家，还有一些科研院所和医院急救要用一部分。

张 那分配到苏州雷允上的，大概有多少？

李 50公斤左右吧。国家林业局有个批文给我们的，叫作"行政许可"，批准可以使用天然麝香。我们凭行政许可到国家林业局下属的标贴中心去申请购买野生动物的标贴，每一盒六神丸上面贴一个标贴，证明这是用天然麝香生产的六神丸。这个标贴发放的时候要拿钱购买的，5分钱一张。国家林业局根据雷允上50公斤麝香可以生产多少盒六神丸，下发多少张标贴。天然麝香不够时就使用人工麝香。国家每年给我们分配50公斤天然麝香，远远不能够满足生产的需求，所以我们现在生产的大部分六神丸都是用人工麝香。

张 雷允上一年需要多少麝香？

李 正常情况下，一年需要800公斤到1吨的用量吧。麝香属于野生资源，国家严加保护，不像以前还有人敢偷猎。

张 天然麝香有没有人工麝香不能代替的疗效？

李 这个问题很难回答。中药的定量检测只检测几种成分的含量，像麝香主要检测麝香酮的含量不能低于两个点，还有灰分、水分，但是这些指标是不是天然麝香能够发挥药理作用的关键呢？这还不得而知，目前正在研究中。假如是麝香酮在发挥作用的话，那么天然麝香的效果和人工麝香的效果就差不多。因为人工麝香是通过化学反应合成的，它的麝香酮含量超过天然麝香，还更稳定。天然麝香是雄麝身上的一个香囊。在自然的环境里，这个香囊一张一合一张一合，很多虫子、泥土、树叶全部进入之后一起不断地发酵，所以才产生芳香。但是人工麝香是化学合成的，缺乏上面说的自然条件，所以它能不能达到天然麝香的效果，大家都说不清楚。当然，我们认为天然麝香肯定比人工麝香要好，但没办法证明。现在有一些质疑中医的声音，主要也是因为中医当中有很多东西没法直接论证。

张 想不到，小小六神丸制作起来这么费神费劲。能不能详细跟我们谈谈？

李 六神丸虽然是一个保密处方，但很多人都知道六神丸实际上是由六味药组成的，这个不是秘密。这六味药里面有一味药就是蟾酥。蟾酥本身有毒，它能入药，跟中药治病机理中的以毒攻毒有关。蟾酥抗病毒的效果是非常好的，但对于制药人来说，蟾酥最大的一个问题就是有刺激性。如果你弄一颗六神丸咬碎含在嘴里的话，一个小时内保证麻得你饭都不想吃。药粉对人体的刺激是"苦"，"累"主要是指六神丸制丸过程中要不停地筛选，每天要筛两大匾丸药，需要很大的力气。

张 这需要超强的意志力。您那时候知道自己将来会成为传承人么？

李 那时候没有"传承人"这个概念,我只是想着把交给我的活做好,把事情做得漂漂亮亮的。既然来了雷允上,指定我学习六神丸,我就要负起责任。因为那个时候企业80%以上的销售任务是押在六神丸上的,这也就是说,我们六神丸班组要承担企业的大部分生产任务,完不成生产,就没有销售,没有销售就没有利润,利润少了职工们就没有奖金,也别想加工资了,这是一连串的问题。企业利润还牵涉到其他许多事情。比如,往小处说,企业没有利润,职工连烧饭烧菜用的煤气也买不起。那时候的灌装煤气是企业根据职工进厂的年限、贡献的大小配给职工的,而烧煤球和烧煤气之间有质的区别。比方说,烧煤球的话,要自己把煤拉回来,那种上面有12个孔的煤球。在家里生煤炉,要不断地换煤球不说,还很不方便。火上不来,不能做饭,不能炒菜,误点影响上班,急死人!往大处说,那时候职工住房都是企业自己建、自己分配的,国家不管,市场也不管。假如没有利润的话,企业造不起房子,职工就享受不到分房的待遇。说来说去,企业一定要有利润,才有煤气、才有房子、才有奖金,才有各方面的希望。这么一来,六神丸班组成员身上的

1983年,李英杰(后排左三)与六神丸微丸车间骨干合影

担子就重了起来。当然，六神丸的名气响当当的，在当时也不愁卖不掉。

张　说了这么多无悔的事，那么您在雷允上一路走来，有没有什么遗憾？

李　遗憾的东西还是有的，少了其他的可能和尝试吧。假如不在雷允上，而在其他企业的话，第一个可能是早就退休了，可以享清福了。现在还要再干下去，倒是符合"工匠精神"的提法，几十年专注于做一件事了。我的战友、同学像我这样子的是比较少的，他们在不同的阶段做不同的事情，许多人都脱颖而出了。自己当老板的，成功的也不少。像我虽然比一般员工要好一些，但还是比较清贫，跟自主创业的人是不好比的。我的战友，在政界当官的也很多，有不少是区长、公安局局长。

张　您的朋友一般做什么生意？

李　各种各样都有，各显神通吧。在知识和信息传播比较通畅的市场环境下，做药材生意也挺符合时代潮流。以前信息不灵通，药材价格信息是比较闭塞的，不像现在，上网查一查就一目了然了。我的朋友都是很讲"信"的，但听他们说，以前买麝香，到四川、西藏一带很深的大山里面，一个麝香才卖几块钱。有些会投机的商人就从广州买了丝巾，那种化纤材质的丝巾，一条才值五块钱，贩卖到山区，一条丝巾可以换四五个麝香。那些药材老板的第一桶金就是这样赚来的。

张　利用信息不对等赚钱！

李　山里人只知道麝香能卖钱，至于能卖多少钱，价值如何，他们并不懂。会经营的人就去做了这个生意。丝巾是一种，还有些商人从广州买一些电子表，几块钱十几块钱一个的电子表，拿到深山里去换麝香，不是等值的交换，麝香的价格高多了。

张　由于麝香的稀有性，六神丸在上个世纪（20世纪）计划经济时代是不是也曾限购？

李　上个世纪80年代的时候，国家实施的是计划经济，物资由国家统一调配。生了小孩子，凭独生子女证可以买两盒六神丸。一方面是计划经济的缘故，但最主要是因为六神丸生产量少。像我女儿出生的时候，买六神丸还要凭独生子女证，实行限购。

张　果然珍贵，怪不得六神房被称作医药行业"皇冠上的明珠"。

李　所以我更加觉得，能在六神房做六神丸，是药工事业中的无上光荣。

简单生活　不求闻达

张　李总,除了工作,您还有什么爱好?

李　兴趣还是蛮广泛的。所有的体育锻炼我都蛮喜欢的,当然最喜欢的就是打乒乓球和打篮球。年轻的时候我的篮球、乒乓球都打得不错的。另外,我还喜欢唱歌,在部队那时候,有朋友来了,我们也会出去唱唱歌。跟你们小年轻不一样,我喜欢唱的歌都是那些比较响亮、音调比较高的,像蒋大为、李双江唱的那种,像《在那桃花盛开的地方》这类歌。你知道,部队里面要拉歌的,有时候吃饭的时候也要拉歌,而且大家都是年轻人,唱得好坏无所谓,要唱,要起哄,要表现表现自己。当时还会写写小文章,给《空军报》《解放军报》等报刊投稿。反正年轻时的兴趣爱好还是蛮丰富的。

张　随着年龄的变化,对抗类体育活动参加得可能会越来越少,那么您现在的兴趣爱好主要集中在哪些方面?

李　刚来苏州的时候,厂里还有乒乓球台,业余时间大家还会打一打。后来设施没有了,就不打了。有一段时间,企业更注重生产经营,对职工的文体活动关注得比较少。不过现在集团又开始要求我们做好党建中心、职工服务中心,包括把这些配套设施都重新建立起来。

张　文艺方面的爱好对设施要求是不是低一点?

李　是的,一直到现在,如果有朋友来,有时候我们高兴了还会出去飚飚歌。他们还说我唱得可以,唱得蛮好的。有一次,我提议我们合唱一首《为了谁》,他们都没人敢跟我合唱,因为音太高他们唱不上去。我最喜欢唱高音的歌,像《为了谁》《在那桃花盛开的地方》《再见吧,妈妈》《牡丹之歌》《十五的月亮》《血染的风采》等等。唱歌呢,一方面是要音律准、乐感好,有很多歌我听两遍就可以跟着哼起来；另一方面就是要不怕难为情，要敢于唱。

张 恋爱的时候，您太太有没有因为您唱歌好，而为您加分？

李 哈哈，应该有这方面的原因吧！那时候我喜欢唱歌，唱得还不错，单位里面的年轻人拿我开心，给我扣了顶"文艺青年"的帽子。我曾经有一个愿望，就是想要成为一个歌唱家，只是苦于当时没有机会和条件，不像现在有《中国好声音》这样的节目。我对我爱人说过，如果当时有这样的舞台，那我一定会去试试的。我的声音还可以，特别喜欢唱歌，尤其是蒋大为、李双江的歌。我的字写得也可以的，在学校、在部队时经常出黑板报，练出来的。

张 看来部队的确锻炼人、培养人，您对当兵生涯记忆犹新。您现在用来放松心情的方式是哪一种？

李 到了这个年纪了，就是吃了晚饭散散步。我现在住在石湖那里。范石湖（范成大）的石湖，绕湖有健身步道。每天晚上我要绕着石湖的小圈快走一圈，大概4千米。

张 考虑过将来退休以后发展什么爱好么？

李 退休了以后我就想要出去旅游。另外想写写毛笔字，练练字，修身养性。

张 喜欢硬笔还是软笔？

李 还是硬笔书法。

张 练字更多的时候是对心境的一种平复。每个人生阶段心境不同，写出来的字也是不一样的。您为什么在退休后的生活规划中特别安排了练字？

李 雷允上是做中药的，以前在中药房工作的老药工，虽然识字不多，文化程度不高，但是他们的书法都写得很好，因为要跟着抄药方，毛笔字都写得很好。中药店出身的人总要讲究个"把字写好"。现在的年轻人写字写得少了，绝大部分时候都是在电脑上打字，普遍来说字写得不如以前的人了。

张 您比较倾向于练谁的字或者哪种字体？

李 我小的时候临摹过正楷，比较喜欢颜真卿的那种正楷字体。当然王羲之的行书也是非常漂亮的，只是模仿不了，他写得太漂亮了，欣赏起来很美。我想练正楷是因为楷书比较工整，所以慢慢地临摹应该还是可以模仿的。

张 当年您临摹练习，是学校里面要求，还是自愿的？

李 学校里有这项要求，会发一本临摹的字帖，让学生回去练习。这类练习我们小时候做得比较多，好像是有专门的书法课，用来练习硬笔、软笔书法，跟现在不一样。现在的人习惯用电脑打字，硬笔用得较少，毛笔就更少了。

张 您退休以后要去旅游，想过去哪些地方吗？

李 旅游目前来说只是一个心愿，还没有认真地想过。我现在经常出差，前段时间到哈尔滨去了，后来又跑重庆、成都、昆明。有很多旅游的机会，但是基本上都没有时间去游山玩水，到一个地方办完事就回来了，最多是在路上看一看风景，这和单纯的旅游心情是不一样的。旅游时心情是完全放松的，出差事情没办完，总归心里没底。我和我爱人两人年纪差不多大，但她退休得比较早。她退休了以后我还要工作十年，事情也很多，没有时间陪她出去。所以我说退休后要去旅游，主要也是因为答应退休了以后陪我爱人出去玩，这算是了却一个心愿，完成对她的一个承诺。实际上倒不是我自己想到什么地方去，只是总好像亏欠她，一起出去旅游也算是补偿吧。

张 您爱人自己不出去旅游？

李 她自己也出去过，回来后跟我说，人家都是两个人一起出去的，希望等我退休后一起去。

张 您没有年假吗？

李 按规定我现在是有年假的，每年15天，但我从来没休过。事实上，在企业里像我们这个层级的人都不可能休年假的。

张 除了旅游、练字之外，喜欢小动物么？考虑过闲暇时养点什么小动物么？

李 小动物没有考虑养。盆景倒是喜欢的，还有就是石头。我常跟人讲，假如我现在再回到年轻时代，我肯定要去学玉雕。我非常喜欢玉雕工艺品，但是自己不会雕，也没有工具。假如时间允许的话，我要把这个学精。玉雕也是中华文明的一部分，现在好多玉器雕刻得非常漂亮。等我退休以后，有时间了，要去买点雕刻工具，去学学，看行不行。

张 您手是比较巧的，学起来应该会很快。

李 现在是零基础啦。

张 您的业余爱好听起来都很健康，棋牌类项目喜欢参与么？

李 我的自我评价是，我的爱好都比较简单，也比较健康。首先，我不喜欢赌，像打牌、打麻将这些项目我都不参与的，有这些时间我宁可去唱歌、打乒乓球、打篮球。其次，实在没地方去了，就在家里随便看看电视剧。现在可以回放，可以网络点播，很方便。

张　一般喜欢看哪类电视剧?

李　看电视剧是一种很好的放松方式,比较喜欢的是《悬崖》《士兵突击》这一类的。遇到好看的,有时会连着看三四集。

张　看来您还是喜静的,打牌这种闹哄哄的场合不是您的兴趣所在。

李　也有可能是因为在部队的时候没学打牌打麻将,所以没有兴趣。空了的时候我宁可去石湖边走一圈,那湖面上的晚风吹过来还是很舒服的。

张　《悬崖》这类剧比较烧脑,您喜欢?最近在热播的《人民的名义》您看了吗?

李　《人民的名义》我看过了,但我是跳着看的,看得非常快。谍战片看得比较多。

张　爱看谍战片跟您当过兵是不是有关?

李　应该多少有点关系吧!谍战片讲的都是比较惊险、惊心动魄的故事,看起来感觉刺激。早年的《潜伏》《雪豹》《伪装者》我都看过。情感类的剧我看得很少。看情感剧太婆婆妈妈了,有部分韩剧节奏太慢了,我接受不了,像我爱人就喜欢看那种。另外,新闻我也很喜欢看,还有就是体育节目。

张　您会因为喜欢某部剧而重复看吗?

李　我基本上都是看一遍,不重复看。我喜欢不断地去追求新的,哈哈哈。

张　您从事中医药行业,对药理特别懂,对药与药之间的搭配也很熟悉。您自己有没有调制过药膳,或者在日常生活饮食方面有没有为家里人制作过特别的药膳?

李　怎么说呢,我当年来苏州以后去读过业余进修学校,学习中药理论、中药剂量、中药炮制等内容,这方面粗浅地懂一些。

张　您谦虚了,我觉得您懂得挺多的,而且后来雷允上的药材采购方面也是您在负责。平时您会为家里人做饭吗?

李　会的,但是现在基本上没什么时间去做饭了。我女儿很小的时候,那段时间家里基本上都是我做饭,因为我爱人上班的地方离家比较远。我每天早上要起来买菜,下班以后我负责做饭给她们吃。

张　有没有自己调制过一些比较营养的、有药效的膳食用于养生?

李　现在有一个老总在吃的方子是我给他的,但也是从别人那里学来的。要说自己有没有研制什么,我们现在还没有进行这方面的开发。

张　雷允上有这方面的打算吗?

李　雷允上在做的药膳都是和其他人一起合作做的,目前还不是特别关注这方面，所以做得不是很好。因为吃什么东西要根据身体状况进行调理，我也只是稍微懂一点，知道平时上火了或者湿气重了要吃些什么东西，不会在这方面去帮人诊断开方子，只能给别人提示一下，因为行医毕竟要有行医之道。

张　作为一种兴趣爱好，有没有给家里人做过这方面的调理？比如您女儿坐月子期间，您有没有用过什么方法帮她补一补，让她吃点什么东西？您可以谈谈生活中照顾家人这方面的内容。

李　这个有的，比如买一点红枣、枸杞和银耳，给她熬汤喝。

张　这是她产前还是产后吃的？

李　产后。

张　那她生孩子时有没有让她含一点西洋参片之类的？雷允上有这方面的产品。

李　当时我提示过这个，但是后来没有用上，因为是剖腹产。本来是想顺产生下来的，后来医生建议提前生产，打了一针催产针，但到了晚上还是没有效果。她不是自然阵痛分娩的，住院五天了还没有阵痛的感觉，当时有很多人都在等这个床位，所以才决定提前生下来。

张　是在母子医院（苏州市立医院本部）生产的吗？

李　是的。

张　就是因为床位比较紧张才提前剖宫产的？

李　是的，住院的时间也比较久了。

张　有些产妇生产的时候会服用一些西洋参，您觉得有药理根据么？

李　吃也是可以吃的，但它不是必须要使用的，像西洋参这种偏凉性的药物，还是要根据个人体质来用。对产妇而言，关键是产后要稍微调理一下，刚开始要吃得稍微清淡一点。

传承人眼中的雷允上

- 雷允上要世世代代传承下去，我们作为传承人其实只是这个过程中的一个小小的点。我的责任就是把该做的事情做好，把该传承的东西流传下去。只要用心去做，相信我们肯定能够做好。

- 雷允上每年都会接受飞行抽检，包括省里的、市里的。不过，对这样的抽检我们一点都不紧张，因为我们有底气啊。这类飞行抽检难在什么地方呢，就是他事先是不会跟你打招呼的，就像盲审一样。

- 雷大升的时代虽然六神丸还没有发明出来，但他本人是一位既会看病也会制药的医者。早期的药店都是前店后坊式的，前面看病，后面制药。那时候雷允上后坊人少，雷大升本人也参与制药，他对制药是有研究的。

- 日本人先是用利诱的办法，派日本商人来我们雷允上，说是用他们的王牌产品『仁丹』配方跟雷氏传人交换六神丸配方，当然没成功。然后日本人就强行拆除了雷允上建于同治年间的老店铺，为的是给日本司令官的住地（现为阊门饭店）开道。

- 好的东西就会有人觊觎。当时在上海，有一名叫关渡平兵卫的日本商人想钻空子。他想了一个法子，就是向当时的上海商标局提出申请，要注册一个名为『雷上』的商标。

"非遗"传承

张　您什么时候意识到自己也可能成为六神丸传承人？

李　我进雷允上的时候知道自己要进六神丸班组，学习制丸技术，但那时候没有传承人这一说。在六神丸班组，干不好，还是要走。在我退伍的前一年，部队休年假的时候我来过雷允上，看看是不是可以退伍以后来工作，看了以后我觉得是我

2009年，雷允上李英杰被认定为国家级非物质文化遗产项目雷允上六神丸制作技艺代表性传承人

喜欢的工作。

张 为什么喜欢这份工作？

李 当时的感觉就是雷允上是一个老字号大企业，能够在百年风云中屹立不倒，一定有它的道理。另外一方面，我父亲一辈子都倾注在这里，别人都很尊敬认可他，我也有些好奇。

张 您成为"非遗"传承人的时候，有一个黑底带花的牌子是直接发给您的，还是现场有颁发仪式？

李 没有现场仪式，都是直接发的，当时是公司派人去领的。

张 您没有去到现场，对吗？

李 当时没有举行现场仪式，直接通知让人去拿的。

张 这项荣誉是什么时候授予您的？

李 2009年从中央运到省里，再运到市里，一层层转下来的。

张 拿到这个荣誉的时候心里什么感觉？

李 虽然事先已经知道有这件事了，但心里还是很欢喜的。一方面为自己高兴，另一方面更为六神丸高兴。你看，它又一次被认可了，就像薪火相传一样。

张 当时跟您一批的还有没有其他中药方面传承国家非物质文化遗产的人？

李 中药方面的人当时很少，好像就八位，具体有哪几个我记不清了。但是其中有一位我比较熟悉，就是东阿阿胶的现任董事长秦玉峰，跟我是一批的。

张 他是靠什么获得这项荣誉的？是制膏的技巧吗？

李 他是东阿阿胶制作技艺非物质文化遗产传承人。秦玉峰从小就在东阿阿胶做学徒，掌握了东阿阿胶的制作技艺。东阿阿胶的名气是比较响的。

张 是的，广告方面做得好。

李 现在销售做得也好，品牌价值高。

张 因为当时有八个人，所以把您称为"中医药八大家"之一吗？

李 对，可能就是这个原因，我们当时就是八个人嘛。

张 有一个问题我们一直想问您，您在我们这一整套书的八位人物中是最年轻的，有几位甚至比您年长很多，您这么年轻就成为非物质文化遗产的指定传承人，身份发生转变后有没有什么压力？

李 倒是没有太大的压力，毕竟我们从事的就是这个职业，现在就是要把这件事情做好。从传承的角度来说，雷允上要世世代代传承下去，我们作为传承人其实只是这个过程中的一个小小的点。我的责任就是把该做的事情做好，把该传承的东西流传下去。只要用心去做，相信我们肯定能够做好。

张　所以您还是和以前一样，踏踏实实地做好自己的本职工作。

李　我们不是为了想当传承人而来做传承的事情，而是本来就应该做这个事情。国家现在提倡工匠精神，我们的目标就是要带着工匠精神去做这个事情，尽量把这个事情做到完美，做到极致。

张　很多人都以为当"非遗"传承人会有很大的压力。关于下一代传承者，您找到合适人选了么？

李　我现在不是找不到人做这个事情，我们正在培养很多年轻人，也包括我的女儿，还有一些已经在培养中的优秀人才。我们肯定是不会让它断层的，这个事业要一直坚持下去。从传承的角度来说，我们现在不光要传承六神丸的技艺，更要传承一种职业道德操守，一种品行，告诫我们的年轻人一定要做良心药，做放心药，要让老百姓吃得放心，吃得安心。"修合虽无人见，存心自有天知"，要把这个事业提高到这样一个高度上来看。虽然没有人看到我们的努力，但是有天在看。在市场经济的浪潮下，我们一定要坚守本分，不能随波逐流，不能为了利润的最大化去偷工减料，雷允上近三百年的历史不能毁在我们手上。

张　您在雷允上就是一根标杆，就算到了60岁，依然会是雷允上的中流砥柱。作为传承人，您的晚年生活应该还是要跟雷允上一起度过吧？

李　正常情况下60岁是要退休的，让年轻人有更大的发展空间，当然还要看企业需要。

张　据我了解，雷允上药业集团正在物色六神丸秘方的下一任传承者，找到了么？

李　中国远大集团和苏州创元集团是雷允上药业集团的两个股东，传承人的选择要由股东双方充分协商来定，真正的传承人是要工艺和处方都能掌握。

张　您女儿现在也在雷允上工作？

李　她本来是在姑苏区道前街那里我们的连锁总店工作的，现在根据总经理的意思把她调到六神丸车间工作了。

张　怀孕了还能在车间工作吗？

李　暂时先在车间办公室，等她生完小孩后还是要到车间去工作的。

张　她是不是也有可能学六神丸的传承技艺？

李　领导现在就是这个意思。

张　那您要做她的师父了?

李　有可能。开始是领导提议的,让我做女儿的思想工作,她不愿意。做了几次工作之后,她慢慢转变了想法,感觉一直在连锁总店坐办公室好像也蛮枯燥的,另外也学不到更多的东西了。她自己想了一段时间以后,就愿意过来了。人逐渐成熟了,想法就会有变化,考虑的东西就不一样了。

张　以前六神丸的技艺传男不传女,现在没有这个说法了吧?

李　这个所谓的传男不传女其实主要是针对雷氏家族的。雷氏家族有过这样的规定,主要担心女儿出嫁以后秘方会外泄。1956年公私合营的时候,雷氏家庭把这个秘方献给国家了。我们国家倡导男女平等,如果现在再强调传男不传女,就没有道理了,也显得与国家的提法不一致了。

张　目前六神丸制丸班组核心成员当中,有没有女性?

李　六神丸制作工艺过程中有女性参与的,但是她们掌握的不是六神丸秘方的全部,只是一部分操作工艺,没有处方,处方在我这里。

张　您觉得女儿最开始的时候为什么要拒绝或者犹豫?

李　应该是感觉到苦。六神丸制丸工艺中药物刺激性比较大,受蟾酥之类成分的刺激,会不断地打喷嚏。另一个是比较累,要反复筛选,体力上有可能达不到。打粉的时候,粉质粘在皮肤上,对皮肤也有刺激,容易过敏发红。特别是夏天,粉质落在头颈里,一擦汗,更容易发红过敏。对女孩子来说,做这个事情还是比较辛苦的。女性怀孕期间,不能接触六神丸,它的药物成分里有一味麝香,麝香是芳香开窍的,会导致滑胎流产。所以我女儿怀孕以后基本上在车间办公室里,很少进车间。但是六神丸车间里原来有几个女工,小孩也都养得蛮好的,哈哈哈。

张　只要不是怀孕期间接触就没关系了,毕竟中药成分和化工原料的辐射不一样。

李　中药的毒性不是化工的那种毒性,相反,它可以抗病毒。

张　她想通了,自愿去学,比您要求她学更能激发她的热情!

李　想通了,就感兴趣了。兴趣是最好的老师。她认识到六神丸在雷允上名气很响,假如学会了这个操作技艺的话,应该说后半生就不会感觉自己找不到方向了。我们不讲什么大道理,比如传承中医药文化等等,退一万步说,掌握了一门技艺,就是掌握了一门吃饭的本领。她之前坐在办公室,做行政工作、后勤工作,提升空间不大。你可以做,明天换一个人,顶多熟悉一段时间,也就会做了,挑战性不强。

再有一个呢，六神丸确实是国内仅有的四大保密处方之一，又是国家非物质文化遗产，是非常值得传承的中医药文化，她感觉到假如能从事这项工作应该是很有意义的。她后来意识到，能争取参与进来，非但比坐在办公室更有挑战，更有意义，还可以多一份自豪感。

张　作为父亲，您的态度呢？

李　我的态度是，只要她不怕吃苦，只要是她自己的决定，我就支持。我对她说，首先你要做好心理准备，这个活肯定是脏、苦、累的，一般人都坚持不下去的。另外一点就是，要抱有信心，越是困难的工作，别人不愿意做的，你越是要把它做好。如果没有这两点，来六神丸工作组就失去它的意义了。

张　您这两点说得非常实在，是期许，更是要求。

李　来了就不能打退堂鼓了，既然来了，你就要把它做好，这是专注力的体现。要精益求精，要把事情做到极致。

张　其实您自己也是在用您毕生的行动来践行这种专注力。您从一线生产队长到班组长、车间主任、生产部经理、党委副书记、"非遗"传承人，一路上有没有哪些前辈或者同事影响过您？

李　我当时的师父，确切来说应该是师兄，他对我有比较大的影响。他工作中认真负责、一丝不苟，包括对产品质量的精益求精，对生产设备的卫生要求，深刻地影响到我后来的工作。我时时刻刻都在提醒自己向师父学习，掌握好这一门传统技艺。第二个就是雷允上的老厂长——吕兴泉。我1992年当车间主任的时候，当时普遍观念是论资排辈，我当时资历还不够，可能还轮不到我升职，他却大胆启用年轻人。后来我任职车间主任8年，到2000年当生产部经理，是老厂长让我在这个平台上有学习上升的机会和动力。

张　有没有和老厂长的合照？

李　大合照上面有他。还有雷允上药业有限公司总经理邹汉城，我是在他手上晋升生产部经理的。当然还要感谢这么多年来党的培养，老书记汪维忠、副总经理倪鹤铭的信任。

张　陈燕经理一直把您当成师父，她提到过吕厂长特别愿意培养年轻人，没有按照传统论资排辈的方式去选拔人才。事实证明他的眼光还是很独到的。

李　一般车间主任负责一个车间，我当时担任车间主任，实际上要管两个车间。

张　您当时负责哪两个车间？

李 第二车间和第四车间,分别是现在的综合制剂车间和微丸车间。

张 那要很忙了!您怎么管理自己的时间?

李 确实是忙,那个时候就是一心扑在单位,其他的事情根本顾不上。所谓管理时间,无非就是牺牲更多的休息时间。

张 听说您现在到车间查看的时候还是很放不下,经常叮嘱年轻人。

李 我对车间卫生的要求是很高的,这是跟着徐师傅养成的好习惯,一辈子也改不了。所以现在我们去车间检查时,如果发现年轻人在卫生方面意识不是很强,做得不够好,我就会亲自给他们做示范,要求他们照着我的要求做。我们要以身作则,要求别人做到的事情首先自己要先做到,对吧!

李英杰在六神丸车间检查灌装后的六神丸

张　他们都说您对事不对人,该按照要求做的就必须要做到。还说您人缘很好,有群众基础。

李　是的,人缘还可以。做到严以律己,宽以待人,对自己要求严格一些,对他人宽容一些。

张　那您有自己的人生信条吗?

李　我认为平平凡凡、简简单单就可以了。

张　大家都说您很朴实。

李　我个人不喜欢高调,踏踏实实的就好。

做到极致

张 您的这种专注精神非常符合国家对工匠精神的提倡,我觉得"非遗"传承人的使命很多时候不光是技法上的传承,更多的是对中华医药文化的传递,真正要传承的是技法背后深厚的文化内涵。

李 一个企业能够生存三百年,它肯定要秉承一种工匠精神,要不然它传承不下去的。传统的老字号中医药企业在发展和延续的过程中,工匠精神可以说起到了非常好的作用。因为它要求做事情专注、精益求精、一丝不苟,凡事要做到极致,这是我理解的工匠精神的内涵。

张 工匠精神就像您说的坚持、执着,不断地去完善,直至将一件事情做到极致。这种极致有时候甚至是超越我们想象的。这是常人觉得不可思议的事情,有点类似于奇迹一样的事情。一生做一事,这里面有一种精神意涵。所以雷允上也好,六神丸也好,您作为"非遗"的传承人也好,体现出的恰恰是这样一种可贵、值得传颂的精神。

李 雷允上有近三百年的历史,经久不衰,这与我们要求的做到极致肯定是有关系的。无论从炮制工艺上来说,还是从质量管理上来说,都要坚守品质,不能为了省时省力而牺牲品质,不能缩减与药材对话交融的过程。我们都是遵循古法炮制,当然古法炮制也是合法的;严格遵守药品管理法,然后在药品管理法的基础上进行古法炮制。这方面雷允上确实做得非常好,跟一些不规范的企业、老板说了算的企业是完全不一样的。我们的管理流程、管理制度都是非常规范的,采购部门负责采购,质检部门严格检测,生产部负责品质,各部门之间相互制约。采购来的药材要经过质量部门检验,检验不合格就退货,这个是没话说的。这道环节,总经理和董事长是参与不进来的,在这方面他们完全不发话。而有些不规范的小企业就完全不一样，采购来的药材不符合要求，但是价格便宜啊，有的总经理就同意了，还跟质量方面的负责人打招呼，让放行，这样做的话质量自然会下降。像我们这种企业有国有企业的基础，权力和责任是相互分开的。

张　权责分明，是这样吗？

李　对。质量方面，企业的质检部门有一票否决权，即使已经进入生产过程，如果产品质量检验不合格，他也不允许你继续生产。

张　这十分符合中医药文化当中的"信"。这也是雷允上这样的老字号传承下来的信念吗？往前回顾，在雷允上创始人雷大升时代，可能做不到如此详细的分工，但是有一样坚守的东西是不变的，那就是"信"。

李　对，一个是信誉，一个是质量。因为企业要能够生存，首先一定要把质量做好，质量做不好，那企业肯定生存不下去，所以质量部门非常重要。我们这个企业，各种管理制度、管理流程都非常规范，一直以来都是这样的。进入21世纪，国家的药品生产有了GMP，就是药品生产质量管理规范，是国家药检部门对企业从硬件到软件进行全面验收和考核的标准，达不到这样的标准是不允许生产的。针对生产过程当中那些容易出现的偏差，需要对生产工艺进行反复验证，验证通过，能保证产品达到国家要求的才能投入生产。我们是老牌药厂，做得比较规范。

中华人民共和国国家工商行政管理总局商标评审委员会授予雷允上"中国驰名商标"

国家工商行政管理总局授予我们"中国驰名商标"称号。

张 良好的传统能够改善整个企业的风气和面貌，也能够让消费者更加信赖这个品牌。雷允上经常接受的关于质量的检查主要有哪些？

李 现在国家药检部门对药品质量抓得很紧，每年都会对药品生产企业进行飞行检查。飞行检查我们常简称为"飞检"，是跟踪检查的一种形式，主要是指事先不通知被检查部门实施的现场检查。要知道，飞行检查是国际上产品认证机构对获证后的工厂最常用的一种跟踪检查方法，也是提高工厂检查有效性的重要手段。雷允上每年都会接受飞行抽检，包括省里的、市里的。不过，对这样的抽检我们一点都不紧张，因为我们有底气啊。这类飞行抽检难在什么地方呢，就是他事先是不会跟你打招呼的，就像盲审一样。国家局的人到了江苏，告诉省局他什么时候到苏州，然后他坐个出租车或者火车就过来了，到达的时候打电话给市局，让市局的人到哪个企业门口等他。他们来了之后就进厂，自报家门，紧接着就进行飞行检查。飞行检查的内容包括到药材仓库、成品仓库抽检。打个比方说抽到的是六味地黄丸，它配方中有六味药材，那么他就到你的药材库，把六味药材抽选出来，然后打包封好箱带着就走了。最后这个用于抽检的药材包是拿到异地去进行检测的，江苏省的抽检包不能由江苏省来检验，可能放到海南去，放到广西去，检测好了再下发通知。这么多年来我们接受的飞行抽检，从来没出现过质量问题。所以，从省局到市局，他们都认为飞行检查抽到雷允上一点都不用担心，他们知道这个企业无论是药材啊，还是中药成品啊，要求都特别严。

张 上级部门希望抽到的是雷允上，它让人放心。

李 是的。老字号品牌就是不一样的，它能生存这么多年，肯定有它的道理。但现在遇到的问题是，我们有好多成品药无法参与市场竞争，因为成本太高，跟有些标准低的企业在同一条竞争线上，我们根本竞争不过他们。

张 我能理解这种困扰。以保养品燕窝为例，燕窝固体物含量为99%的雷允上成品燕窝，每75克售价在140元左右，还不是血燕那种品类。但市面上号称100%的血燕，有些价格却很低，品质良莠不齐。

李 燕窝的种类也很多，产地、质量的区别会导致价格悬殊，很难一概而论。

张 就像您说的，放在同一个竞争环境当中，雷允上因为原材料优质而导致价格高。有多少买家能理解和接受这种品质造成的价格差？

李　所以我们好多品种没办法生产，成本太高了，生产出来卖不动。因为现在的药品市场都要招标管理。我们的报价总是比人家高，而招标都是看重价格的；最起码它要合理计价，在质量和价格两方面都要考虑的时候，很多人就会舍弃品质而偏向于选择价格了。

屡获殊荣

张 徐志超师傅一共带了您11年吧?

李 我是1981年到六神丸车间的,徐志超是1992年离开六神丸车间的。他离开后,我当车间主任,这中间正好是11年,他带了我11年。

张 这11年期间有没有获得过什么奖项?

李 有的,很多奖项,记不清楚了。比如说质量上的QA金奖一类的,我们都获得过。六神丸产品1984年、1989年两度蝉联国家质量金奖。六灵解毒丸1983年、1988年两次获得国家质量银奖。在当时的苏州,一个企业获得两个国家质量奖项是不多的,好像就我们雷允上一家。后来奖评多了,各个行业都在评奖,国家级的这个评比就取消了。我们在1984年和1989年蝉联金奖之前,1979年这个奖项开评时,首批就获得过的。还获得过好多次先进班组荣誉、QC质量奖、红旗设备奖等等。

张 这个QC质量奖是什么?

李 QC质量奖是班组的质量管理(Quality Control)奖。我们班组在六神丸的生产中,发现产品在制作过程中出现了什么质量问题,那么,我们就组成攻关小组,大家同心同力去解决这些问题。QC质量管理奖就是成功攻克这些问题后才能获得的。

张 您刚才说的那个红旗设备奖是什么?

李 80年代我们工厂对设备维护有要求。每年厂里边都要评1~2台红旗设备,就是整个厂里边哪一两台设备保养得最好,看起来最干净。我们车间里的设备都评到过红旗设备奖。2003年12月工厂搬迁时,有些设备还是"文化大革命"时期的,上面有"文化大革命"时期特定的标语口号,比如"抓革命、促生产"。机器很旧了，但保养得还都很好，看起来干干净净，擦得光亮亮的，非常漂亮。

张 就跟卫生流动红旗一样，为了表彰那些保养得比较好的设备。

李 可以理解为设备保养的流动红旗。哪个车间的设备被评上，这个红旗就挂到哪个车间，班组的员工也能获得一次性的现金奖励。当时一年的奖励是20块钱。20块钱在当时已经不错了。

张 历史上雷允上受到过哪些重要赞誉？

李 这个很多了。首先是民间早有将雷允上称为"韩康"的记载。此外，上个世纪（20世纪）二三十年代，林森、于右任、张学良等名人政要因服用雷允上名药，感其疗效卓著，都为雷允上题词赠匾，盛赞有加。80年代六神丸获得的一系列奖项我刚才聊过了，这些也都是属于雷允上的。1984年的时候，六神丸被列入国家绝

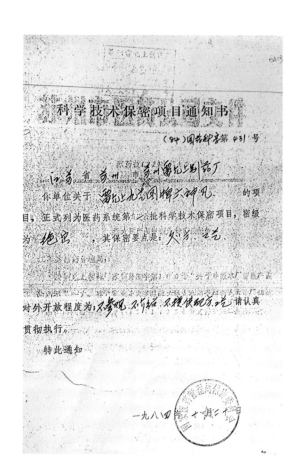

1984年，国家医药管理局保密委员会将雷允上九芝图牌六神丸列为绝密项目，其保密要点为处方和工艺

密项目。

张 当时的批文还有存档么？

李 有的，在我们博物馆，你可以去拍。

张 您接着列举雷允上获得的殊荣。

李 1995年，雷允上被原内贸部认定为第一批中华老字号企业之一。2008年，六神丸制作技艺入选第一批国家级非物质文化遗产名录。2010年，雷允上被收录为国家《中医药堂》四枚特种邮票之一，全国范围内一共选取了四家，雷允上和同仁堂、胡庆余堂、陈李济齐名。那一年雷允上获得了好多荣誉，还有首届中国非物质文化遗产博览会银奖，我们雷允上药业有限公司被商务部授予"中华老字号"称号。省市级的奖项就更多了，不胜枚举，类似苏州市"十大自主品牌"之类的称号我就不一一列举了。总之，雷允上自诞生以来，从上到下，从政府到民间，确实获得了很多赞誉。

1995年，雷允上被原国家内贸部认定为中华老字号

2010年，雷允上被商务部授予"中华老字号"称号

昔日风华

张 我们都知道，雷允上的明星产品六神丸并非出自创始人雷大升之手。雷大升被后人传颂的主要还是他的医术，那么在制药技法方面呢？

李 雷大升的时代虽然六神丸还没有发明出来，但他本人是一位既会看病也会制药的医者。早期的药店都是前店后坊式的，前面看病，后面制药。那时候雷允上后

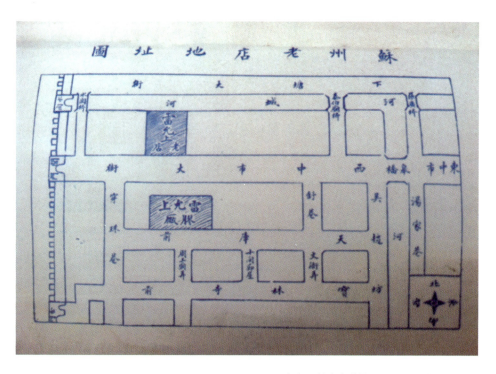

雷允上诵芬堂老药铺所采用的前店后坊格局

雷允上诵芬堂总号门面图

坊人少，雷大升本人也参与制药，他对制药是有研究的。至于六神丸微丸技术，主要是雷氏后人雷滋蕃研制出来的，他是雷大升的孙子辈。

张 雷大升最早师从哪位名医？

李 师从苏州名医王晋山，他跟吴门医派的名医叶天士是师兄弟，同在王晋山门下。

张 就是那位被康熙皇帝御笔亲题"天下第一"的名医叶桂？

李 就是他。叶天士人称"半仙儿"，温病学派的主要代表人物之一，是我国最早发现猩红热的人。他的儿子叶奕章、叶龙章都是著名医家，只不过被父亲叶天士的名声掩盖了。叶天士的著作《温热论》奠定了温病学辨证论治的基础。还回过头来说雷大升。雷大升（1696—1779），字允上，号南山。雷大升本人属于"文人不第

创始人雷大升,字允上,号南山,生于清康熙三十五年(1696)。雷氏上祖原籍江西省丰城,后移苏州定居。雷允上自幼读书学医,善琴工诗。1715年,开始行医,修合丸散膏丹。1734年,雷允上在古城阊门内专诸巷天库前周王庙弄口开设"雷诵芬堂"老药铺

而医"一类。他祖籍江西,出生书香门第,父辈宦游寓居苏州。自幼勤奋好学,1715年弃儒从医,研究和吸收吴门医派的精华。

张 雷大升最早在观前附近行医?

李 雷大升最初是在苏州玄妙观前设摊卖药行医,在长期的行医实践中,积累了大量古方、验方、单方,特别是对修合丸散有独特研究。后来,雷大升在苏州阊门内专诸巷开设了一家"雷诵芬堂",销售自产成药,并以他自己的字"允上"在店内挂牌坐堂行医。

雷诵芬堂药瓶（清）

天库前周王庙弄口雷允上残存的地基和墙体似乎述说着雷允上三百年的沧桑变迁

1934年雷允上设"北号"于上海北河南路天后宫桥北堍，1937年又设"北号支店"于静安寺路斜桥弄口。民国时期诵芬堂药号仿单记载了当年各药号的地址及电话

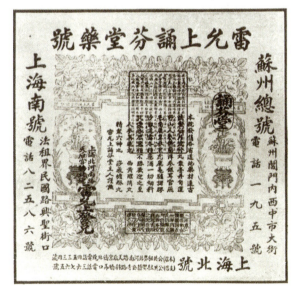

张　为什么后来"雷诵芬堂"叫着叫着变成了"雷允上"？

李　雷大升医德很好，医术高明，深受人们爱戴。久而久之，大家都只称"雷允上"，反而遗忘了原来的堂号"诵芬堂"。

张　雷允上在上海的分号是从什么时候开始的？也是由于美名远播才开设分号的么？

李　清咸丰十年（1860）太平天国军队进攻苏州，雷氏家族离苏避难。同治二年（1863）的时候，雷氏后人在上海法租界兴圣街口（今人民路附近）开设了一家"诵芬堂"，之后，又在上海北河南路天后宫桥北堍、静安寺路开设了北号和北号支店。

张　雷大升的研究成果《金匮辨证》十分有名，他还有哪些重要理论贡献？

李　雷大升的研究成果中，《要症方略》《经病方论》《丹丸方论》《金匮辨证》四部书都是中医药研究的典范。

张　说到六神丸的研制，有记载称顾姓昆山人赠送了秘方？

李　是有相关历史记载说，在同治年间，雷允上后裔雷滋蕃结识了一位顾姓昆山人。两人交情很好，于是这位顾姓昆山人就向雷滋蕃赠送了一张由六味药组成的秘方，据说这个秘方就是六神丸的秘方。雷滋蕃拿到方子之后，就在苏州通和坊加工制作丸药，取名为"雷滋蕃牌六神丸"，这就是后来享誉四方的六神丸。光绪二十八年（1902）的时候，雷氏家族拿出一万块现大洋，一次性买断六神丸生产经营权，从此六神丸成为雷允上诵芬堂的专利产品，"雷滋蕃牌"前缀也随即取消。

张　日本人很相信中医，听说他们曾经还想用仁丹跟我们交换六神丸的配方？

李　对的。日本人还偷走了雷允上诵芬堂的一块牌匾，你现在去日本国立博物馆能看到这块牌匾。

张　这是怎么一回事呢？

李　抗日战争时期，雷允上药店实际上是地下党的一个秘密工作点。雷允上有一位员工叫惠志芳，新中国成立后他就任苏州市第一任药监局局长，还做过苏州市统战部部长。抗战时期他是一位地下党，当时是他奋力保护了六神丸配方。

张　怎样奋力保护？

李　日本人先是用利诱的办法，派日本商人来我们雷允上，说是用他们的王牌产品"仁丹"配方跟雷氏传人交换六神丸配方，当然没成功。然后日本人就强行拆除

民国时期雷允上上海老店全景照

了雷允上建于同治年间的老店铺,为的是给日本司令官的住地(现为闾门饭店)开道。店主无奈,只能到上海租界避难。

张　惠志芳是以什么样的身份潜伏在雷允上的?

李　他是雷允上的学徒,是真的在当学徒。

张　他是到雷允上当学徒后加入党组织的吗?

李　惠志芳当时是地下党员,只有上面党组织知道。实际上雷允上很早就有中共地下党员进驻,因为要保证六神丸的配方不落到日本人的手里。据我后来所知,雷允上有很多地下党员,一是为了保证雷允上的处方不落到日本人手里,为此,当时的地下党员做了很多努力;二是为了给沙家浜的新四军输送药物,地下党员们负责把六神丸运送到沙家浜抗敌前线,给新四军士兵疗伤,极大减少了新四军的伤亡人数。我们要挖掘历史的话现在还能找到这方面的文献和采访的影像资料。在对陈毅元帅的通讯员钱芬老人的采访中,钱老就提到了雷允上六神丸对新四军的帮助。

张　用六神丸帮助新四军治疗?

李　是的。抗战的时候,常熟沙家浜游击区新四军因为缺医少药,大量伤员的生命岌岌可危。得知消息后,潜伏在雷允上的地下党员就暗中向新四军提供大量药品,其中包括六神丸。这一举动挽救了许多新四军战士的生命。陈毅元帅的通讯员、也是警卫员钱芬老人在回忆时说:"受了枪伤的战士用了六神丸,两天就能消除炎症,伤口很快就能愈合。如果没有六神丸,会牺牲更多的新四军战士。"

张　有文献资料说,当时很多雷家的后代都被严刑拷打,最后日本人到底拿没拿到六神丸的秘方?

李　日本人始终没拿到药方。日本人在市场上买了我们的六神丸,通过化验,将里面的六味药搞清楚了,但是每味药的重量分析不出来,每味药的配比研究不出来。后来在日本生产上市的产品,是根据六神丸的成分进行加减,研制出的救心丸。这个产品日本人做得非常好,一年要销售一两个亿美金。因为我们六神丸本来就有**强心的疗效**!

张　日本、韩国对汉方药很重视,做得也很好。有些东西研究得比我们还透彻。中国古代宫廷妃子常用的一种七白膏,在韩国受到了重视,被利用来做化妆品。咱们国家对中医的保护、传承和发展还应该再做一些努力。

李　对。其实国家也越来越重视对中医药的弘扬和继承,2017年7月1日刚刚实施

原新四军第一支队司令员陈毅的通讯员钱芬老人在接受采访时反复夸赞雷允上六神丸的特效

的《中华人民共和国中医药法》就是为了保障和促进中医药事业发展、保护人民健康而制定的。习近平总书记在全国卫生与健康大会上的讲话,也是在强调保持和发扬中医药的特色与传统。这种明确中医药事业重要地位的做法对于继承和发扬中医药优势传统是大有裨益的。

张 六神丸经历了百年的坎坷走到今天,它也面临着时代的考验。云南白药的成功经验中,有一些是不是可以借鉴?

李 云南白药药厂我们是最近才去交流过的,他们中医药制药部总经理苏豹在云南文山那个地方种了几千亩田七。云南白药根据苏豹的名字将田七化名为豹七,打造了一个新品牌,这是在专门的土地上用科学的栽培方法培育出的三七。这种三七微量元素含量很高,不含有重金属,不含有化学农残。云南白药现在做得非常好,企业占地面积三千亩,厂区的草坪级别可以跟高尔夫球场的相媲美。生产车间用来包装红罐跟白罐田七喷雾的设备是德国博世纯进口的,一台设备就要耗费几千万美金。一台设备一天只需要8个人就可以做1 200件,一件里面又有若干盒，所以生产效率是很高的。

张 雷允上一方面售药，一方面治病，将中医文化与中药文化完美融合。目前比较常见的是医药分开，您怎样看待像同仁堂、雷允上之类老字号集医药于一身的发展模式？

李 同仁堂最初生产的是宫廷用药，雷允上讲究"聚百草、泽万民"，是为老百姓售药、治病的。苏南一带因为气候闷热，流行病多见，雷允上门下的所有种类药品实际上都是根据吴门医派的用药理念生产的。雷大升本人就是吴门医派的代表人物，他与叶天士是同门师兄弟，拜师于王晋山门下。雷大升最早是一位走方郎中，积累了很多经验，医术很高明，后来逐步发展到抓药、制药。吴门医派的医生最早都是分布在苏州各大药店的，他们在药店坐堂行医，后来集中起来到中医院去了。我们苏州雷允上连锁总店是集苏州各大小中药店为一体，50多家连锁店的前身就是苏州市原来所有的中药店。从分散到统一，最早是苏州药材采购站有个部门，管苏州所有的中药店，后来苏州药材采购供应站和苏州雷允上制药厂合并组建雷允上药业集团(苏州)以后，原来的药材采购站的管理部门就变成了雷允上国药连锁总店的管理部门。原来各个药店自己进药自己销售，连锁以后就统一进药统一卖。所以现在我们雷允上50多家连锁店揽括了苏州所有的中药店，原来苏州市面上所有的老中医都在这些药店里面坐诊。雷允上跟苏州所有的老中医都是有渊源关系的。

张 这是雷允上无价的资源啊。买道地的药材可以到雷允上，看吴门医派的名医可以到雷允上。

李 雷允上在苏州地界称得上是一等一的中药老字号了。"北有同仁堂，南有雷允上。"那个时候一直是这样传颂的。雷允上最鼎盛的时候是在国民政府期间，蒋介石、于右任、张学良、黄金荣、林森、杨平等人都给雷允上题词赠匾。中华人民共和国成立后，原卫生部部长陈敏章也专门为雷允上题词。

张 这些牌匾在"文革"时期有没有给雷允上带来过什么麻烦？题匾是如何保留下来的？

李 "文革"期间我年龄还比较小，所以不是很清楚当时雷允上具体发生的事情。现在这些牌匾是有的，但是不能确定是临摹下来的还是复制下来的。在"文革"期间"破四旧，立四新"的大趋势下，雷允上改名为"苏州中药厂"，1979年才开始恢复使用"雷允上"称号。

民国时期于右任（1879—1964，中华民国开国元勋之一）为雷允上题词"市有韩康"

民国时期蒋中正（1887—1975）为雷允上题词"美媲韩康"

民国时期张学良（1901—2001，近代爱国将领、政治家）为雷允上题词"利济疮痍"

民国时期杨平（1916—1977，爱国将领）为雷允上题词"丹砂普济"

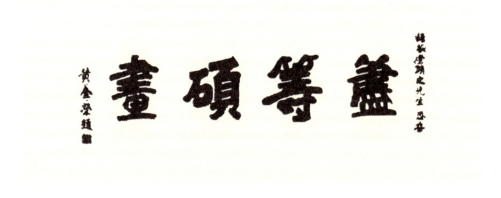

民国时期黄金荣（1868—1953，国民政府行政院参议）为雷允上题词"尽筹硕画"

民国时期林森（1868—1943，国民政府主席）为雷允上题词"神农遗泽"

1992年，原卫生部部长陈敏章为苏州雷允上题词"名声如雷，允称上乘"

张　还有一些人是通过《中医药堂》邮票加深对雷允上品牌印象的,这套邮票是在哪一年发行的?

李　是在2010年。国家邮电总局发行了四枚关于中药堂的邮票,雷允上位列其一。最早的中药堂是陈李济,它号称有四百年历史,中间没断过。其后就是同仁堂、雷允上。当时国家遴选品牌的时候有个要求是历史至少要达两百年,胡庆余堂当时只有150年,按道理胡庆余堂还轮不到。但因为胡庆余堂在江南一带做得名气很大,胡雪岩又是红顶商人,当时正好一部电视剧《胡雪岩》拍出来,国家行政工商总局才破格把胡庆余堂加进来的。这样集齐了四枚邮票。有些中药堂号称自己是最老的中药药行,像长沙九芝堂、天津达仁堂,但是国家不认可,企业有多少年的历史是要在国家工商行政管理总局注册登记的,所以它是最权威的部门。

张　相比这些品牌的宣传,雷允上六神丸还算是比较低调的?

李　与其说是低调,不如说是没有多余的资本来做宣传。雷允上在当代没有发展

2010年,雷允上入选中国《中医药堂》四枚特种邮票之一

得风生水起，这里面有很多方面的原因。历史上雷允上从来没亏损过，效益一直非常好。苏州这个地方受吴文化影响深刻，但同时小富则安的思想也比较严重，相对来说缺乏闯劲儿和冒险精神，胆略上欠缺一些。吴文化传统中读书的氛围相对比较浓，所以苏州的状元文人很多。很多地道的苏州人是不肯离开家乡的，也不愿意到外地去发展。追求安逸的文化心理让许多商人缺乏闯劲和风险意识。另一方面，广告和销售的价格肯定密切相关，否则企业拿不出钱来做广告。广告方面九芝堂、同仁堂做得比较多，雷允上相对而言广告要少些。雷允上的销售理念倒是很有服务精神，早在民国的时候，就将本埠邮费、外埠邮费都明码标出，从制药到售药实行一条龙服务，体现出良好的销售意识。雷允上有一个古训，"精选道地药材允执其信，虔修丸散膏丹上品为宗"，这里面对道地药材的要求会直接导致药材成本高。按照现在市场的价格，我们的产品利润空间非常小，有很多普药制作出来成本就高。但我们还是坚持选用道地药材，这个跟雷允上几百年来形成的品牌文化和精益求精的态度都分不开。现在招标竞价是很关键的一个因素，雷允上在招标的竞价过程中不占优势。雷允上能传承到今天不容易，三百多年了。反正在我们这一代，不能把牌子砸在我们手上。我们要求质量一定要规规矩矩，产品一定要货真价实，所以相对来说我们的成本就高。

张 在一个比较浮躁的市场环境中，坚守初心，令人佩服！

李 六神丸之所以如此深入人心，不单纯是因为它作为一件药品而存在，其中还承载着人们对吴门医派悬壶济世行医理念的认同。六神丸实际上是吴门医派创制的代表性药物，经长时间的实践检验效果确实不是一般的好。六神丸能够长盛不衰，靠的就是江浙一带人民的认可和支持。吴门医派在中医药史上占有非常重要的地位。说到各大医派，有好多都讲不出名堂来，但吴门医派大家都是认可的，特别是江浙一带，苏州、上海、浙江是高度认同的。

张 吴门医派之所以得到大家的认可，首先是因为它具备一套完整的医学理论，其次是由于其令人称赞的医道传承精神。有了系统的医学理论和传承精神，吴门医派才经久不衰，这与一些为了争夺话语权而自立派系的做法有明显区别。您能简单介绍一下中医的"整体平衡"观么？

李 中医将人体划分为三个生理病理区域，即上焦、中焦、下焦。上焦指膈以上的胸部，有心、肺两脏，以及头面部。中焦主要指的是上腹部，指膈以下、脐以上的腹部，包括肝、胆、脾、胃等内脏。胃主运化，肝胆主疏泄。下焦主要指脐以下的腹部，包括小肠、大肠、肾和膀胱等。虽然有这样的划分，但是中医从来不"头痛医头脚痛医脚"，"整体平衡"是中医研究生命科学的一个重要着眼点，中医对疾病的所有认识都是围绕整体平衡展开的。很多病人总是感到奇怪，为什么他们看中医的时候，医生不看重具体的微观病症。这是因为中医对疾病的研究，重视的是各种致病因子所造成的机体平衡的失调，至于说具体的微观变化，只是人体整体平衡被破坏之后所表现出来的结果，它不是本质和关键，可以忽略。所以我才说，只有树立"整体平衡"观，才能更好地理解和认识中医，所谓的"辨证施治"也是这个道理。

张 这也是中医用药时提倡"君臣佐使之道"的缘由啊。

一代潮牌

张 雷允上作为三百年中药老字号,受到媒体和社会的多方面关注,央视纪录片《本草中国》拍摄团队来雷允上拍摄过的吧?

李 是的。《本草中国》的第一季、第二季拍摄都来雷允上了。第二季的拍摄组就是前两天来的,(2017年)11月份的时候。他们想拍摄和蟾蜍相关的一些场景,先去了我们的蟾蜍养殖基地,环境是美的,但是很难捕捉到蟾蜍的镜头。后来他们

李英杰在配合央视纪录片《本草中国》的拍摄

索性在厂里搭造了一个模拟的小生态环境,很真实,在镜头里根本看不出来是搭建的。他们的拍摄水平也比较高。

张　他们在搭建的生态环境里主要拍了什么内容?

李　他们是想拍摄一场蛇与蟾蜍之间的大战,后来等了很久没动静。那条蛇很温柔,没有吃我们放进去的蟾蜍,哈哈哈。摄影师也很辛苦,一直趴在那边,贴在地上。

张　您觉得《本草中国》为什么第一季、第二季都来雷允上拍摄?

李　首先,作为中药老字号,雷允上是绕不开的一个品牌,国家发行了四枚特种邮票《中医药堂》,雷允上位列其一。更重要的是,雷允上不仅有对"老"的传承,也在不断尝试"新"。有文章报道中将我们雷允上称为"一代潮牌",说的就是在三百年的历史长河中,雷允上是如何常变常新、延绵不断的。

张　是不是《商报》记者王东来写的那一篇?

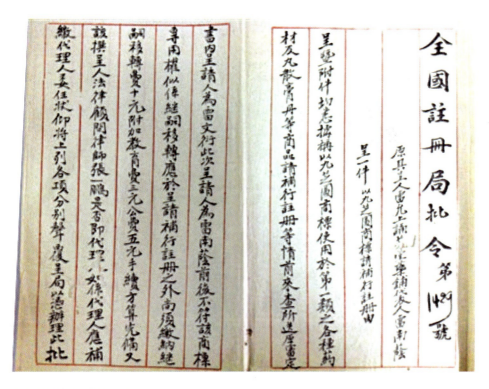

九芝图商标注册批令原件

李 对的。他在文中特别提到了雷允上的"老店新意识"。1924年的时候,雷允上在苏州、上海等地已经有多家分号,形成了"北有同仁堂、南有雷允上"的格局,属于当时的名牌。和今天一样嘛,好的东西就会有人觊觎。当时在上海,有一名叫关渡平兵卫的日本商人想钻空子。他想了一个法子,就是向当时的上海商标局提出申请,要注册一个名为"雷上"的商标。幸好后来上海总商会发现了这事,就赶紧告函我们苏州雷允上总号,信中写道"尽快自行依法救济"。商会的人肯定是向着雷允上的,于是就协助雷允上总号向上海商标局提出异议,也是为了拖延时间嘛。几经周折之后,最后还好,日商的品牌申请被驳回了。有人说,雷允上好幸运啊,其实这里面不光是运气的成分,关键是早在民国四年(1915),雷允上苏州诵芬堂总号

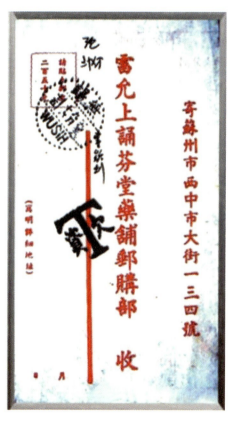

20世纪40年代雷允上的欠资封,于1949年9月16日自无锡寄出

六神丸的广告及邮购说明事项

民国时期雷允上在《新闻报》上的广告

以及上海分号已经获得了注册商标，当时是吴县政府批准的商号注册和执照。后来到了民国十七年（1928）又通过了商号专用权注册。

张　雷允上的经营者真的是有先见之明。雷允上的九芝图商标是不是我国最早的注册商标之一？

李　对，九芝图是1922年获得注册证书的。

张　这样看来，雷允上的商标保护意识确实很超前。

李　不仅如此，雷允上的广告在当时也很"潮"的。上个世纪（20世纪）初，雷允上就在报纸上刊登了开展邮购业务的广告，在广告中明确说明本埠邮费几何、外地邮费几何，类似现在的网购邮费说明。这些广告也很直接地说明雷允上的邮购业务已经开拓到了苏沪周围。

中华人民共和国成立初期良利堂药店一角

张　看来商标保护、邮购营销、广告宣传、职业经理人、连锁药店,这些现代人倡导的商业理念,早在上个世纪初,雷允上人就已经驾轻就熟了。

李　可以这样总结。雷允上一直保持着"求变"的经营理念,像现在推行的集群式发展,是整合了王鸿翥、沐泰山、诵芬堂、良利堂、宁远堂等5家中华老字号和10家江苏老字号。这样一来,强强联合,就构成了国内少有的百年老号强劲集群。

张　整合如此之多的中药界资源,一呼百应,确实不是一般的老字号能做到的。

李　雷允上从来不肯停歇发展的脚步。现代人不是生活节奏快嘛,有些病症的发

2015年9月，李英杰先生（左三）当选世界中医药学会联合会常务理事

世界中医药学会联合会常务理事聘书

民国时期老阊门景象

病率不断攀升,还有科技发展诱发的一些新问题,像"飞蚊症"的发病年龄在不断降低,腰椎、颈椎的问题也在普遍化。面对这些"时代病",雷允上致力于发展中医"治未病"的特长,提出"大健康"概念,推行了一系列活动,比如"抗衰防病中国行",还主导成立了中国抗衰老促进会——中西医结合专业委员会。这些有新意有诚意的活动确实有利于雷允上勇立潮头、与时俱进。

张　您有一张资料照片,好像是在中西医结合专业委员会成立现场拍的?

李　对的,我是常务理事。

张　清代画家徐扬的《姑苏繁华图》上有关于雷允上的描绘?

李　是的。一百多米长的《姑苏繁华图》上有医药业商户13家,雷允上位列其中。但是经过两百多年的时间,能够像雷允上这样屹立不倒的,已经寥寥无几。

张　《姑苏繁华图》上的雷允上老店是在什么位置?

李　在阊门内天库前,就是当时的雷诵芬堂。

张　《姑苏繁华图》是乾隆年间的贡品,又名《盛世滋生图》,它所描绘的雷允上是怎样一幅情景?

李 阊门和西中市在清代的时候是全国的经济中心,你看《红楼梦》开篇就是从苏州阊门开始的:姑苏城的阊门,"最是红尘中一二等风流富贵之地",然后才讲阊门外的十里街,再拉出人物来讲。这阊门外十里街,说的就是水陆并行的山塘街。从阊门往城内走,就是阊门大街、西中市一带了。雷允上在《姑苏繁华图》中也作为医药业商户被描绘出。从图中能够直接看出,当时雷允上主打"丸散""人参""膏丹"品类,招牌上特别注明"道地药(材)"和"川贡药材",这是很珍贵的历史文献,能够直接反映出当时雷允上的经营状况。

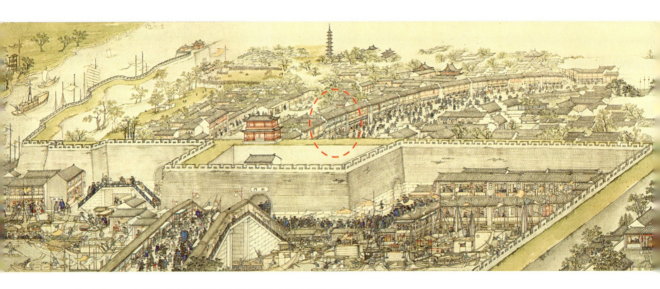

1759年清宫廷画家徐扬《姑苏繁华图》所绘雷允上诵芬堂的位置

1759年清宫廷画家徐扬所绘《姑苏繁华图》中涉及雷允上诵芬堂部分。一楼可见"川贡药材""道地药（材）"字样招牌以及往来顾客，二楼可见"丸散""人参""膏丹""药材行"字样招牌，标示了雷诵芬堂的主营品类

不停歇的脚步

- 当时苏州有一个中药业余进修学校,在观前街,叫苏州中山业余进修学校。学校校长是原苏州医药局副局长姚福汉,老中医俞大祥、奚凤霖也都在那里授课。

- 雷允上的祖训就是『精选道地药材允执其信,虔修丸散膏丹上品为宗』,所以说,这方面非常讲究,无论是进来的药材也好,还是生产过程当中的炮制工艺也好,都要做到极致。

- 2003年的『非典』也是一种病毒感染,六神丸在抗『非典』的时候是首选药物。

- 现在国家质量标准中有一个药典标准,但是我们企业还定了一个内控标准,远远高于国家药典标准。这就是雷允上一直传承到现在的自我管理方式。

多重身份

张 您现在还在车间一线工作吗?

李 我现在主要负责的是药材这部分,包括药材的采购与种植。另外还有一个行政职务,兼着副书记,负责党委的工作,还有公司工会也是由我分管的。本来我已经退居二线了,但是集团的老总要我把药材采购的事情抓起来。我跟他反复说过几次,我干不了这活,太难干了,而且,这永远是吃力不讨好的事情。你想,各个成员企业原来都有自己的供应商,有自己的采购渠道,现在要让他们把这些资源都汇总到我这边来,他们的配合度是可想而知的,有的甚至还会找茬。难啊!但是现在既然推不掉,也只能严格地按照集团公司的要求来做。我组织各成员企业去采购,组织招投标,然后对药材质量进行把控,除此之外的事情由他们自己去做,我不参与其他流程,比如开票、送货等等。我只负责前期的招投标和质量把控,后期具体事务不插手,但这个事情确实比较难做。

张 负责药材之前您主要是管理生产的,对么?

李 原来呢,我在企业是管理生产的,就是整个产品的生产。后来,成立雷允上集团之后,整个雷允上旗下有很多企业。云南有一家叫云南雷允上理想药业,长春有一家叫长春雷允上,沈阳有一家叫沈阳药大雷允上,广东有一家叫广东雷允上,常熟有一家叫常熟雷允上。苏州这边就是雷允上制药厂,此外雷允上还有一个健康养生公司。现在这些企业药材大批量的采购,我们雷允上北京总部的胡总都叫我去管,现在采购金额达到80万以上的,都归纳到我这里。这个工作有时候确实很难推进,各个成员企业配合度等各方面都不是很好。但是总部的胡总非要让我去管理药材的统一采购,他说让我在质量上一定要把控好,因为他也想把药材质量管控好。

张 采购总监这块是特别忙的吧？

李 采购总监比较忙，面对的事情多且比较复杂。本来各个企业旗下有自己的采购渠道，现在集团要求统一，肯定会遭到一定的抵触和不认可，必须要做到质量好、价格低，有广泛的渠道和资源，才能打进（企业内部）去。

张 初衷是为了把控好质量吧！

李 就是为了把控好质量。集团老总把这个艰难的任务交给我，或许他比较放心一点。他认为我对药材比较懂行，有能力把好质量关，而且，我在雷允上工作了这么多年，大家对我这个人、对我的人品也都认可。但是难度真的不小。这部分的事情占据了我70%以上的精力，工作时间大部分都花在采购上面了。

张 集团公司的出发点还是对的。

李 现在的策略就是集中统一。我们集团虽然厂家比较多，但是药材的集中度不高。每个企业药材品种的集中度也不高，统一集中采购就有难度。也就是说，这个企业的某种药材用量比较大，另一个企业需求量比较大的却是另一种药材，并不是每种药材都是大家都需要的，而那些集中度特别高的药材不是很多。

张 一般来说，您是如何把控好药材质量的？

李 组织进行招投标时，对供应商的资质，包括供应商的管理审计要了解清楚，看供应商符不符合要求。另外还要考察供应商的信誉，包括质量信誉、送货信誉等各方面。然后对一些集中度稍微高一点的药材进行集中采购，这样可以降低一些成本。但是总体来说由于我们对质量要求特别高，价格谈判相对来说难度比较大。一分价钱一分货，价格便宜绝对是买不到好药材的，想要用低价钱买到好货色，肯定是不现实的，因为，在买卖上只有错买的没有错卖的。

张 对的，就是这个理。

李 肯定没有错卖的，供应商不可能亏本卖给你。为了保证质量、降低成本，现在我们采取的措施是尽可能把采购渠道向前推进，就是向产地以及合作社延伸，尽量减少中间商环节。在药材生产基地，我们尽可能找那些种植大户，或者当地的合作社，那么我们需要采购的大品种就在合作社之间进行招投标或者比对价。中间环节减少了，确实可以降低一些成本。

张 集中采购药材用量比较大的那部分，这是比较有效的方法。所以优化流程还是非常重要的。

李 现在药材市场的价格是非常乱的，供货商也良莠不齐。经常会出现一些匪夷所思的事情，比如，有时候药材市场的价格甚至比产地价格还要便宜。为什么呢？因为产地的药材质量非常好，是货真价实的，但是到了药材市场，批发商可以在药材里掺假。打个比方，野菊花的主要产区在大别山，在安徽湖北那一片的山区。好的野菊花，它的蒙花苷含量可以达到0.8个点，有些地方生产的可能还要更高些，一点几甚至两点几。野菊花产区的价格是每千克60元，市场价格却只要55元。为什么呢？批发商分别从大别山、湖南、河南等地买来野菊花，按比例分配，把不同级别的野菊花掺在一起，那么最终检测到的蒙花苷的含量可能也能达到0.8个点，但是价格就便宜下来了。相反，假如全部采用大别山的野菊花呢，产地价格就会更高，就会出现药材市场的价格比产地价格还便宜的现象。再比如麦冬，最好的麦冬应该是四川绵阳的，最好的自然是最贵的，绵阳的麦冬价格就比较高。但是市场上有些麦冬里掺了湖北麦冬，因为湖北麦冬价格低啊！绵阳麦冬里掺一部分湖北麦冬，价格下来了，质量也就打折扣了。

张 药材产地不一样，质量就不一样，那么制成的药物成品质量上肯定也有差别，对吧？

李 那是肯定的。关键是，他掺了其他地方的麦冬，宣传的却全是绵阳麦冬，一般人又看不出来。从表面上看，绵阳麦冬和湖北麦冬是区分不出来的，只有把它掰开，从麦芯子来看，才可以分辨得出来。

张 药材的采购的确需要内行人，普通人谁懂呢？

李 水太深了啊！我们集团的要求就是要选用道地药材，哪种药材哪个地方产的是最好的，我们就直接去产地买，保证药材品质，虽然代价大一些。

张 雷允上是按内控标准去采购药材的，原料价格也就上去了。

李 相差就很大了。

张 这还是取决于对要求的把控，做60分跟做90分的难度差别是很大的。

李 对。像我们买人参，就一定要是吉林抚松的人参。人们常说的人参就是东北人参，吉林、辽宁、黑龙江的都可以，但是人参的主产区是吉林抚松。抚松是人参之乡，这个地方的人参就是道地药材，我们选人参就一定要选用吉林抚松的。辽宁的、黑龙江的我们都不会买，因为他们可能也对外宣称是吉林抚松的。我们要买道地的人参就不能到辽宁或者到黑龙江去买。别的企业或许只要是东北人参就可以了，但我们的要求就是只能买吉林抚松的人参。有的时候我们的选材是非常苛刻的。抚松县在长白山区，这个地区除了抚松县，还有靖宇县等，可是我们只会选择吉林抚松的人参。

张 您对药材,特别是药材产地、药材品质了如指掌,这些知识全是到雷允上之后学的吗?

李 对。退伍之后进了雷允上,感觉需要弄懂、需要学习的东西太多了。企业也给我们提供了比较好的学习条件。我记得1981年我进厂后,就被企业推荐去进修学习了。当时苏州有一个中药业余进修学校,在观前街,叫苏州中山业余进修学校。学校校长是原苏州医药局副局长姚福汉,老中医俞大祥、奚凤霖也都在那里授课,当年他们也都是挺年轻的。在这所学校里,我比较系统地学过中药方剂学、中药炮制,还有中医理论,对中药材来源也都系统学过。

张 这个学校授课的方式是怎样的?

李 请苏州那些有名的老中医来上课,包括一些中药学校的教师。那时候我白天上班,晚上上课,就像上夜校,还有休息天也用来学习。我在苏州中山业余进修学校中药班读了大概三年吧,都是晚上去的。

张 一边学习理论,一边在雷允上工作,学跟用结合在一起。您好多知识都很扎

2003年,李英杰和同事们在人参再造丸生产车间

实，对数字敏感，记忆力非常好，令人佩服。有些人说专注于把自己的一亩三分地做好就行了，可是你做六神丸的制药，还对药材来源、药理知识了如指掌。

李　最早我是做六神丸的，后来整个生产流程我都在管了，这就要求对雷允上生产的所有品种都清楚，才能管好啊！

张　所以您对于药材和中医药方面的知识就派上用场了！

李　对。因为雷允上生产的品种比较多，我们现在有80多个批文。常年生产的大概有30多个品种。每个品种含有的药材是不同的，像我们那个大活络丸有48味药材，那个人参再造丸有56味药材，都属于大方剂。

张　有80多个批文啊！这种成药如果是在以前，用方剂歌诀来记诵的话要费力了。

坚持道地药材

张 蟾酥是一味珍贵的良药，在六神丸、蟾乌凝胶膏等药物中都需要使用，前面您说过雷允上自己有养蟾蜍的基地？

李 我们的基地在常熟。以前养蟾蜍没有那么复杂，我们发动农户去捉蟾蜍，然后收购过来，再花几千块钱买一些种苗，放置到养殖基地就行了。现在遇到了一些问题，不是很顺利，主要是证照没拿到。国家规定养蟾蜍是需要证照的，而且要求比较高，像环境评估、种苗来源各方面都有很细致的要求。所以，现在我们要养殖蟾蜍必须对种苗来源进行把关，先到有资质的驯养厂购买种苗，保证种苗来源的可靠。本来去有资质的养殖场购买种苗也不是一件难事，但实际操作过程中又出现问题了。有好几个养殖场不愿意提供全套的证照给我们，而我们向国家申报养殖基地的时候是需要这些材料的，像驯养证、国家林业部门颁发的证照批文都要全，还有就是购销协议、购销发票都要完整，但实际上好多企业都不能配合我们做到这样。

张 这个有些让人费解了，如果对方企业有合作意向，为什么不促成这件事呢，正规的养殖场不是都具备这些资料么？

李 这个里面有两方面原因。一方面，蟾蜍的种苗是卖不了多少钱的，价格高了买方不愿意，价格低了卖方懒得做，驯养基地不能指望通过卖种苗来盈利。另外一方面，养殖场也怕引起竞争，本来他们自己企业就是做蟾蜍养殖的，我们雷允上也是为了要办养殖场而引进种苗，最终有可能会成为他们的竞争对手，他们就不是很积极地提供材料给我们。我们现在面临的困难主要是这样。

张 养殖蟾蜍的利润空间是不是要高很多？

李 那比卖种苗要高多了。每年到了一定的季节，养殖场里的工人就可以对蟾蜍进行刮浆了，然后把刮下来的浆制成蟾酥，靠售卖蟾酥赚钱。另一个方面呢，有些养殖场养殖蟾蜍，蟾蜍也可以卖钱。养殖场把蟾蜍卖到饭店里去，像在江苏、上海一带吃蟾蜍的人非常多。蟾蜍你看着它长得很难看，看上去好像有点可怕，但是蟾蜍的性格是非常好的。蟾蜍跟牛蛙、青蛙是完全不一样的，蟾蜍的身上是没有寄生虫的。

张 哦，青蛙是有寄生虫的。

李 青蛙、牛蛙都是有寄生虫的。烹饪的时候，如果青蛙跟牛蛙做不熟的话，吃了是容易得病的，但蟾蜍体内是没有寄生虫的。蟾蜍身上有很多疙瘩，它的体内有有毒的蟾酥，寄生虫就无法寄生在它体内。在蟾蜍和青蛙没有被列为保护动物之前，听老一辈的人说，上海和江浙一带很多饭店都做蟾蜍这道菜。把蟾蜍外边的皮扒掉，里边的肉跟青蛙肉是一样的，只不过蟾蜍的皮疙疙瘩瘩的，看着很难看，体积比青蛙稍大些。蟾蜍的肉质跟青蛙比起来稍微老一点，不过做得好的话，不告诉别人是蟾蜍还是青蛙的话，一般人是吃不出差别来的。

张 那蟾蜍的毒素主要是在表皮和耳朵上吗？

李 对，蟾蜍表皮上有毒，体内也含有蟾酥的成分。

张 把蟾蜍的皮剥掉之后，蟾酥对人体还会有影响吗？

李 蟾酥现在主要的作用就是用来抗肿瘤。抗肿瘤原理就是以毒攻毒嘛。所以蟾蜍身上所有东西都能入药。蟾酥能入药，蟾衣也是能入药的。就像蛇蜕皮一样，蟾蜍也会脱皮，脱掉的那层皮就叫蟾衣。另外，把蟾蜍身上的皮剥下来晒干了叫蟾皮。蟾皮切碎以后就是一味中药。在各大中药店里边都会有蟾皮这一味中药。现在，国内研发的很多抗肿瘤的药物都涉及蟾酥，所以蟾酥的用量是很大的。蟾酥供不应求，一是因为国内的蟾蜍存有量在减少，只能靠人工养殖，二是由于新研发的抗肿瘤的药物用量在增加，而蟾酥作为其中的一味药材，用量也在增加。另外，还有部分蟾酥出口到海外，比如日本、韩国等，这些国家都认为蟾酥是能够抗肿瘤的。蟾酥有两方面的作用，一个是抗肿瘤，一个是强心。市场需求量大，但供应量不足，而蟾蜍养殖到现在为止，大家调子唱得都比较高，但实际上成功的范例还是不多。因为蟾蜍对饮食方面很挑剔，它吃什么东西是很讲究的。蟾蜍只吃活的东西，它只吃会动的物体。

张 青蛙也是这样，它会吃活的飞蚊，但是死掉的蚊子它是不吃的。

李 对，蟾蜍是不吃死物的。哪怕把牛肉做成肉丁去喂蟾蜍，它都不会吃。蟾蜍要吃那种动的活物。这一点导致蟾蜍养殖的饲料很难把控。有些养殖场给蟾蜍喂食蝇蛆，就是弄些牛粪，吸引苍蝇过来在上边产卵，然后出现蝇蛆一类的昆虫。但是如果老是给蟾蜍吃这种东西，蟾蜍容易烂肠，主要是因为蛆虫肠胃里含有大量泥土。所以蟾蜍不仅需要吃活体小昆虫，还要不停地更换食物，就是今天吃吃苍蝇、蚊子，明天要吃些蚂蚱等其他飞虫，才是合理的。

张　总是吃蝇蛆的蟾蜍不再具备药用价值了吧？

李　对，因为蟾蜍要不停地吃各种活动的昆虫。我们养殖蟾蜍的时候会在离地面一定高度的地方放置很多灯，晚上开了灯，才能吸引各种各样的昆虫，蟾蜍看到了才会去吃。另外还要有草坪、要有活水，而且水质要非常好，有好水的地方蟾蜍才能产卵，成活率才高。而且有草坪、有水，才会有蚊虫一类的小昆虫。所以蟾蜍养殖对食物链的要求是比较高的，野生的话就不存在这些问题了。自然的环境中飞虫比较多，蟾蜍的食物来源丰富，而我们现在是模仿自然状态，难度很大，所以现在蟾蜍饲养还不是很成功。

张　您有没有看过其他地方是如何养殖的？

李　之前我跟公司严总（严燕青）到全国好几个地方考察蟾蜍养殖，要去取经的。不过，我们看到的往往就是一个水塘，用网围起来，蟾蜍就放在网里边。实际上这些蟾蜍都是捉来后直接放在里边，或者是买回来放到里边去养殖的。

张　把野生的、捉来的蟾蜍圈起来？

李　不一定是野生的。水塘水质又差，里边又没水草，也就没有各种活体了。蟾蜍的生活习性不只是一直待在水里边，它还是要上岸的，它要上岸来吃东西。只有一个水塘，蟾蜍在里边吃什么？怎么繁衍呢？用水塘圈养蟾蜍的，蟾蜍基本上都是捕捉来的野生的或者外边买的，然后集中起来放到水塘里。有单位来采购蟾蜍了，就用网把蟾蜍拉上来，卖掉。有一次我们到安徽晋德一个地方考察蟾蜍养殖。他们号称蟾蜍养殖基地占地700亩，但我们了解到工人已经4个月没发工资了。养殖面积大不等于成功，因为蟾蜍养殖投入太大，收益太少。另外，蟾蜍刮浆的时候还会有30%的死亡率，因为刮浆对蟾蜍的身体是一种伤害，刮浆后蟾蜍容易感染，容易死掉。

张　刮浆手法有讲究吗？

李　当然，有严格的要求，蟾蜍刮浆不能把血刮出来。刮浆的时候用一个镊子，很容易捏出血来，出血的地方如果碰到水，蟾蜍就容易感染生病。一般来说，刮好浆的蟾蜍最好要圈起来，圈一个星期，不能让它碰水，要等它伤口愈合了才能再放回到水中去。

张 看似挺简单的事，实则并不然。

李 蟾蜍生存对食物要求高，对环境要求高。现在环境污染严重，野生的蟾蜍数量越来越少了。不像我们小时候，下雨天经常看到蟾蜍跳来跳去的，全部跑出来了。现在几乎看不到了。最主要的原因，一方面是水质。水质被破坏了，蟾蜍的卵孵化不出来，即使孵化成功了，存活率也很小。另一方面就是缺水，原来蟾蜍主产区在山东沂蒙山区这一带，但现在这些地方缺水、水少，当地很多小沟、小渠里边没有水了。蟾蜍没有水是存活不了的。第三个原因是主产区开办的造纸厂太多了，排出的废水污染严重。水一旦被污染，蝌蚪都活不了的。第四个原因就是蟾蜍的用量不断在增大。现在每年都有不少人因为违法偷捕野生蟾蜍被抓进去。蟾蜍属于省控二级保护动物。

张 蟾蜍是国家级保护动物？

李 是省控二级保护动物，不是国家级保护动物。现在野生蟾蜍数量很少了，要避免肆意捕杀。蟾蜍是蟾酥这一味重要药材的来源，但市面上数量越来越少，供不应求，价格自然就水涨船高，越来越贵。目前蟾酥的报价是22 200元一千克。前段时间公司招标蟾酥的价格是21 000多元，再往前的价格是14 680元。我们倒着往前算，蟾酥的价格曾经有过6 880元、3 500多元、1 500多元，如果算到最早的时候，只有900多元一千克，而现在已经飞涨到22 000多元了。蟾酥供应商跟我说，到今年年底价格会突破30 000元一千克。野生的蟾蜍越来越少，养殖又不太成功，有的时候拿钱也不一定买得到。

张 雷允上这么注重质量，非正规渠道收购来的蟾蜍不大敢用吧？

李 我们采购的蟾酥都要通过质量检验部门检测的，蟾酥质量要达到我们企业内控标准，才可以收下来。有些地区蟾蜍体内的蟾酥含量是不足的。蟾蜍体内的药用成分是蟾毒素，含量要达到6个点以上才能有比较好的药用价值。越冷的地方蟾蜍体内的蟾毒素含量就越高，比如哈尔滨那边蟾蜍体内的蟾毒素含量大概在10~12个点，换到广东那边，蟾蜍体内的蟾毒素大概只有1~2个点，四川那边有3个点。从地理位置上来说，要安徽往北，到江苏这一带，蟾毒素才能达到6个点。以前蟾蜍的主产区就在江苏苏北、山东临沂一带。东北的蟾蜍体内蟾毒素虽然含量很高，但是产量很少。为什么？东北的气候比较冷，蟾蜍冬眠时间长，所以蟾蜍年龄普遍比较大，体内蟾毒素的含量就高。但是，冬季时间长，很冷，不利于繁殖，产量就低。

张　您对蟾酥的价格记得这么清楚，了解价格变化的整个历史，对蟾蜍养殖基地、细节也知根知底的，可见蟾酥确实是一味重要的药材。

遵从古法炮制

张 有关雷允上的介绍中提到,雷允上是根据药物特性制定炮制规范的,比如说凡是不宜于用火加工的都以晾晒为主,而芳香性的药物和含朱砂的药丸都是用晾晒的方式,没有一味是用火加工的。您能跟我们介绍介绍炮制规范吗?

李 可以。比如说麝香,假如烘干的话,温度一高,它的香味就会跑掉,所以只能把它晒干,用日光晒干。再如雄黄,雄黄属于矿物药,假如放到烘箱里边烘的话,一旦超过一定的温度它就变成三氧化二砷。三氧化二砷是剧毒的,就是我们常说的砒霜。所以雄黄的干燥一定不能高温,只能在自然的日光下进行晾晒,等它慢慢干透,时间就比较长一点,加工的周期也长一点,这样它就不会产生毒性。

张 太湖一带盛产珍珠,有资料说雷允上对珍珠的处理都是用水飞?

李 是的,我们雷允上的珍珠一直到现在都是按照我们古法炮制要求用水飞的。通过水飞可以使精细度达到非常非常高的要求。现在好多地方都是用超微粉碎,用机器一下子就能把一颗珍珠粉碎。但水飞呢,就是将粉碎的珍珠粉放在水飞机里不断翻转。它起到一个非常好的作用,就是把杂质和有害物去掉,把有用的成分保存下来。再一个,雷允上的水飞在时间上也非常讲究,一般的珍珠我们一定要在过了冬至这段时间开始水飞。因为夏天水飞珍珠,温度过高的话它容易变质、发臭、腐化。所以我们一定要在冬天,让它连续地转,不停地飞,最少要飞上三天三夜,也就是72个小时。

张 听起来像太上老君的炼丹炉一样。水飞之后通常会进行什么操作?

李 水飞之后我们把一块滤布摊到筛子里边,把那些水飞好的东西放到滤布上,将水滤干,主要是将水里的有害物质过滤掉,之后制药师傅们再把它放到日光下晒干。雷允上的中药材炮制这部分非常讲究,古时候也没有烘箱,都靠日光晒干。

我进厂的时候用的还是那种烧煤球的火烘箱，就是用火炉烧煤球，现在不一样了，用的都是蒸汽了。

张　蒸汽更干净一点。

李　火烘箱之后就是用蒸汽烧锅炉。我们搬到新区来之后，企业不允许烧锅炉了，怕对环境产生影响。现在新区都是集中供气，由华能热电厂提供流通蒸汽进行集中干燥。

张　这种集中供气稳定吗？像您所说的许多制作需要长时间的轮转，不能中断，有没有出现过因为供气中断而导致损失的情况？

李　也有。一般热电厂要停气的话，会提前通知的，我们在排班时就可以把停气的时段避开。当然，有时候机器突然出现故障了，停气了，这是没有办法预先通知的。遇到这种情况，我们正在烘箱里烘着东西就不行了，在包衣的过程当中也要吹一下热风，也吹不起来了。这时候有一个重要的步骤叫作偏差管理，通过偏差管理来判断这些材料是否能够回炉重新来过。偏差管理中主要追问是什么事情影响了生产的继续进行，然后生产部门和质量技术部门要对它进行一个评价，评价之后，对药性没有受到影响的材料可以回炉处理。如果影响到药性，那么就报废了。这是制药行业中普遍性的流程管理。

张　这符合雷允上一直信奉和遵从的上品为宗的祖训。

李　雷允上对药品、药材的质量非常关注，特别注重。雷允上的祖训就是"精选道地药材允执其信，虔修丸散膏丹上品为宗"，所以说，这方面非常讲究，无论是进来的药材也好，还是生产过程当中的炮制工艺也好，都要做到极致。过去我们的药材都是从苏州各大药材行以高价选购的，比如麝香要用杜盛兴香行供给的"杜字香"；西黄采用金山黄；珍珠购进老港濂珠；冰片用"头、二、三"梅；虎骨用"四腿虎骨"；人参采用大山人参；川贝用松潘贝；党参用潞党参；豆蔻选用大颗白豆蔻；黄连用山阴连；杜仲用厚杜仲；砂仁用原粒阳春砂；薄荷只用二刀薄荷；等等。另一方面，现在国家质量标准中有一个药典标准，但是我们企业还定了一个内控标准，远远高于国家药典标准。这就是雷允上一直传承到现在的自我管理方式。我们不是说只要符合国家药典标准就可以了，而是高标准严要求地管理自己。

张　企业对自我要求比较高！

李　打一个最简单的比方，六神丸，国家药典标准是丸重差异达到±10%就可以了，就符合要求了，但是我们企业的内控标准定到±6%才算是符合要求。所以我们的丸重差异无论你怎么抽检，都不会有问题的。质量方面我们一点都不含糊的。再比如六神丸成型以后，经过包衣、打光，最后的成品我们要求的重量是1 000粒3.125克，相当于一钱，1 000粒重一钱。"钱"是古时的计量单位，按照现在的单位换算，一钱就是3.125克，要保证1 000粒丸药正好是3.125克，这对发丸、筛丸的生产过程要求就比较高。当正好达到这个标准的时候，感觉就非常好，很有成就感的，一天的劳累也值得了。整个制作过程其实是一个不断动脑的过程，筛选多少分量的药粉，把潮丸控制在多少重量，才能够在经过包衣和打光之后，让每颗成品达到3.125微克。再进一步思考，怎样让1 000颗成品达到3.125克，这个当中都是有比例的。

张　六神丸手工制丸这样苦，现在有没有一些技术上的改良呢？

李　整体上还是改善了。比如口罩改成了防毒面具，像个猪嘴一样的罩子套在口腔位置，周围都没有缝隙了，除尘效果要好得多。但问题是太闷太热了，干活的时候会有喘不上来气的感觉。密封太好了呼气又成了一个问题。但不管怎样，以前用口罩，效果不太好，接连不断打喷嚏，现在的粉尘被面具里面的活性炭过滤掉了。

张　目前筛丸的环节依然是需要手工完成的吗？

李　现在还是手工，纯手工的。

张　10粒的灌装实现工业化了吗？

李　从今年开始改成了机器灌装。这个事情攻关了好多年，今年终于成功了。

张　是德国进口的机器吗？

李　不是进口的，是国产的私人定制机器，专门为我们雷允上定制的。之前找了很多大公司都没有做成功，这次是找了四川的几个年轻人，他们是成都一个航空学院毕业的，对气流技术比较熟悉。他们几个合伙开了一家公司，经过不断实验，终于帮我们弄成功了。年轻人有闯劲、有干劲啊！

张　投入生产了吗？

李　已经投入生产了，现在买了10台机器，所有包装部分的工作从手工包装解放出来了，机器加工也降低了劳动强度。

张　因为您说产品很轻，所以要实现技术上的攻关是很困难的。

李　是的，努力了很多年才实现。

微丸技术的应用

张 在雷允上,六神丸的微丸技术是不是独门秘诀?只有六神丸采用这种微丸技术?

李 这个问题提得好。其实六神丸的绝密讲的是配方和制作工艺全方位保密,但是微丸技术是个好工艺,我们不能自私地只把它用在六神丸身上,毕竟这种工艺对药效的发挥和药品的保存等方面都有好处。所以像六灵解毒丸、健延龄胶囊,我们也借用了微丸技术,事实证明,这样做很受患者欢迎。

张 六灵解毒丸我们是知道的,它在功能上跟六神丸相近,优点是成本低一些。您提到的健延龄胶囊采用的是微丸技术么?胶囊类药品不是用粉质或颗粒进行灌装的?

李 健延龄胶囊之所以好,在于装在胶囊里边的东西是用雷允上传统技艺——微丸技术生产的。也就是很小很小的丸子,经过薄膜包衣,再装到胶囊里。这样做的好处首先是防止药丸吸潮变质。大部分用药粉制成的中药胶囊都容易吸潮,雷允上采用的药物微丸技术是一大特色技术,将中药原材料发成微丸,并且包好衣,就可以完全杜绝吸潮,里边的药物不会受到污染,药性不会轻易改变,稳定性增强。江南地区的黄梅天,湿气很大,普通处理的中药材容易吸湿吸潮。微丸是经过包衣处理的,就不会出这些问题,能保证药效。另外一个好处是,微丸在人的胃里边更容易被消化和吸收。健延龄胶囊是我们在遵循雷允上传统技艺的基础上进行改进生产出来的,把它发成微丸,用更烦琐的工艺来保证它的效果。当然,这样做自然就会提高它的成本,而一般企业,据我所知,是直接使用机器把药材打成粉灌装的,最后的成品是粉质状胶囊,或者颗粒状胶囊。胶囊的外壳本身也是容易吸潮的,时间长了以后它里边药物的药性会改变。

张　您认为这个颗粒跟微丸之间的差异大不大?

李　差异很大的。我这样来解释颗粒跟微丸之间的差别吧。颗粒是比较松散的,有的接近粒状,有的接近粉状。国家标准当中有规定,颗粒是允许有一定比例的粉质存在的,因为颗粒在运输过程当中容易碎掉。装颗粒的胶囊一般用铝箔板包装,经过长途运输,再遇到暴力装卸,里面的颗粒是会碎掉的。微丸就是一个个小的丸药,装在健延龄胶囊里面的微丸比六神丸还要小一些,但是它对每一粒的重量是没有要求的。药材做成微丸以后不会碎掉,稳定性比较好,药性也更容易保持。散状的药品稳定性要差一些,在不同的环境中会发生各种变化。所以,微丸技艺的确是雷允上百年传承下来值得继续大力发扬的部分。六神丸也主要是靠这种工艺经久不衰的。

张　雷允上经久不衰的产品不少,为了人们的身体健康,有没有哪一类产品是您特别希望能够推广出去的?

李　雷允上高品质的产品种类很多,像健延龄胶囊,在保健品领域,称得上是真正的"国字一号"。

张　在保健品市场似乎没怎么听说过健延龄啊?!

李　1987年,时任卫生部部长的陈敏章签批,将新中国第一个卫食健字Z-001号的荣誉授予雷允上的健延龄胶囊,轰动一时。这个产品的问世比以前名噪一时的太阳神口服液早得多。这个产品是我们中国近代四大名医施今墨的处方,最早是我们雷允上制药厂跟中信国际投资公司联合开发的。

张　就是那位做过周恩来总理保健医生的施今墨?

李　正是他。施今墨被誉为"近代中医抗衰老第一人"。他曾经担任中央国医馆副馆长、中医学社董事长、中华医学会副会长、协和医院中医顾问等要职,从上个世纪(20世纪)50年代初开始负责中央首长的保健工作。

张　据说他还被毛泽东主席接见过?

李　是事实,我可以给你找照片。

张　好的。

李　施今墨老先生提出抗衰老概念后,制定了五个方剂,其中有一个综合简化的药方——补固神气精血方。20世纪80年代,施家后人将药方授予雷允上独家生产,雷允上运用经典微丸工艺泛丸后灌装胶囊,制成健延龄胶囊。

张　施今墨健延龄方子的特别之处在哪里?

李　健延龄对亚健康的调理有特别好的效果，对老年群体的保健十分有益，可以填精髓、养气血、调脏腑、固本元，起到调节人体免疫功能的作用。健延龄由17味中药组成，都是上品药材，包括西洋参、黄精、熟地黄、制何首乌、黑豆、黑芝麻、侧柏叶、黄芪、山药、茯苓、芡实、天冬、麦冬、紫河车、珍珠、琥珀、龙骨，滋补效果非常好。这个产品在推广时遇到的主要是价格偏高的难题，现在主要是做回头客生意，但凡吃过的人都感觉很好。

张　健延龄能走医保吗？

李　保健类产品进不了医保的，健延龄现在不属于保健品，属于药品，但医保还是不能用的。进不进医保对产品的销售量还是会有很大影响的。现在我们正在推广这个产品，因为所有吃过的人都感觉到效果非常好。还有许多类似的好产品，我们都想推广出去，像六味地黄丸、乌鸡白凤丸、大活络丸、人参再造丸，以及珍珠粉、灵宝护心丹、补肾强身片、和络舒肝胶囊、肾炎宁胶囊，这些产品效果都非常

施今墨（1881—1969），近代四大名医之首。与肖龙友、孔伯华、汪逢春齐名，并称为近代京城四大神医。曾任中央国医馆副馆长、中医学社董事长、中华医学会副会长、协和医院中医顾问等要职。从20世纪50年代初开始负责中央首长的保健工作，时任周恩来总理的保健医生

好，但是相对其他同类产品来说价格偏高一些。成本一高，毛利空间就被压缩了，在开拓市场时比较有难度，比如我们拿不出更多的钱来做广告。

张 在品质、成本、赢利之间找到平衡点不太容易！

李 在一个竞争开放的市场，供过于求，同类产品品种又多，知名度的降低就意味着被消费者忽视和淡忘。现在市场上出现了一种奇怪的现象，好的企业做不起广告，因为这些企业把有限的经费投到生产中去了，买好的药材，把控产品的品质，成本高毛利就少了。前期产品生产占用了主要经费，后期市场推广就没有办法再追加投入了。还有一些企业就倒过来做了，尽可能压低药材采购和品质管理的成本，将资金用到营销和市场推广中。后者往往比前者获得的市场反响要好得多。

张 雷允上有没有尝试一些改革方案？

李 现在企业也要求我们加大广告投入，目前我们集团总部也在做推广。类似健延龄这么好的产品，不做广告，推广不力，市场占有率肯定上不去。

张 你们在哪里投放的广告？

李 在江苏卫视《非诚勿扰》节目前投了广告，不到一个月。在中央电视台早间新闻的黄金时段也做了广告。

张 在推广过程中要尝试做一些改变，强调产品的效果，这是雷允上的优势。

李 是的，我们的产品确实比较好。但是，销售这块，的确还有进步的空间，毕竟白热化的市场竞争在不断地对我们提出更高要求。我们要加大销售这方面的投入，争取提高市场份额。在营销方面做得好的老字号企业不是没有，比如云南白药，就做得相对比较好，至少我们看到的是这样。上个月我们组织到云南白药学习交流，了解到1998年的时候他们跟我们这边的销售水平差不多，但他们发展比较快，现在销售额和市场占有率就高了。仅仅云南白药牙膏这一个产品，他们一年的销售额就达到四五十个亿。当然，云南白药是上市公司，比较有钱，也敢于投放广告。我们现在的主要问题，一是规模比较小，还没上市，企业资金没那么宽裕，二是好药材成本高，企业的纯利润和效益不是很好，所以相对于其他老字号来说滞后一点。不过，我们已经意识到这个差距了，也正在朝这个方向努力，应该会一年比一年好的。

张 确实是这样的，以前市场竞争环境跟现在是不一样。环境变了，对企业的要求也变了。

李 以前雷允上在苏州肯定是排名第一的，雷允上员工的工资在苏州也是最高的。雷允上顶级员工的工资每月可以拿九十几块的时候，沐泰山只能拿到七十几块，王鸿翥大概是六十块，更小一点的店，能拿到三十块已经不错了。

张　现在这些医馆都在雷允上旗下了么？

李　我们进行了整合。现在苏州市的药店都在雷允上旗下了，主要有诵芬堂、王鸿翥、沐泰山等五家"中华老字号"，童葆春、良利堂、宁远堂、天益生、潘资一等十家"江苏老字号"。原来销售都是区域性的，现在要面向全球，这是非常不一样的市场环境。两三百年前，雷允上在苏州这一方天地里做大就行了，大家看病也会冲着雷允上的美誉度而去。现在竞争对手变多了，销售范围也扩大了，很多企业都在做类似的事情，物流和运输的发展既是机遇也是挑战。从战略来讲，雷允上不可能只盯着苏州这块地方了，营销的目标不能只是让苏州人知道，要让全国人民甚至是全球人民都知道才行。云南白药比较聪明，它打造了"云南白药"牌子，只要把"云南白药"四个字做大做响，顺理成章地，它旗下不管牙膏也好，药也好，喷雾也好，都管用。消费者只需要认准"云南白药"，这样一来品牌的影响力也是滚雪球式地在扩大。

张　相比这下，雷允上是不是更注重打造单一品牌了，比如健延龄？

李　雷允上的六神丸是鼎鼎大名的，苏州解放前就是大家认可的牌子。有一个说法叫"不知雷允上，偏知六神丸"，就是说你有可能不知道雷允上，但是六神丸无人不晓。六神丸实际上发源于吴门医派的温病学说，比盘尼西林要早大概80年。江南一带比较潮湿，常常会有流行性疫症，而过去抗生素之类抗病毒的西药很少见，即使有也不是普通老百姓用得起的。六神丸就是抗病毒的药物，效果明显，对江南一带抗瘟疫起到非常大的作用。瘟疫就是一种病毒，2003年的"非典"也是一种病毒感染。六神丸在抗"非典"的时候，是首选药物。但是，从企业的品牌经营来讲，"不知雷允上，偏知六神丸"也是一个问题。产品出名了，企业品牌也要不断提高知名度。

国药"走出去"

张 病人总是看重疗效的,您对中西药之间疗效的差别有什么见解?

李 中药处方是根据中医理论开出来的,它更多的是治根。比如发病的表征是发烧了,发烧是风热感冒还是风寒感冒,从中医的角度需要通过看舌苔、把脉来辨别。假如是风热感冒,那么中医就要清凉解毒;假如是风寒感冒,那么中医就要温凉解毒。两种情况治病技法差别很大。中药讲究治根本,不能只治表。再比如高血压,西医主要是降压,中医就要追问这个血压高是怎么形成的。如果是肝火旺盛引起的血压高,中医就要给你平肝熄风,把肝火降下来,血压自然就下来了。西药用药是靶向性的,什么地方出了问题,就把药用到什么地方去。现在不孕不育的患者很多,要正常生育不仅仅是生殖系统在发挥作用,中医还关注肝肾功能在怀孕过程中的作用,特别是肾。通过补肝肾,促进正常的血液流通、排精排卵,自然就能怀孕了。由此来看,中医尤为强调对身体机能的调节和改善。

张 现在的医疗手段对精密仪器的依赖度很高,而对中医定性的治疗方式不太信任。您怎么看诊疗过程中对精密仪器的依赖这一现象?

李 中医讲究治"未病",在病还没有发出来的时候,治于未然,进行调理。现在很多健康养生理论也强调这种理念。但"未病"很多时候是无法通过精密仪器预先测量出来的,西医如果过分依赖量化的数据结果就走向另一个极端了。西医擅长治急症,像阑尾炎一类的病西医治疗能够收到立竿见影的效果。相对来说,中医疗效要慢得多,但是中医通过调理内脏,使人体达到阴阳平衡以后,令病症自然消退。中医有一些治疗方法以目前的技术水平很难直接论证,比如放血疗法,特别是蒙医,他们的放血疗法很神奇,确实有很多病就通过放血治疗好了。你要想用严谨的医学理论来证明,很难。很多部位都可以放血,手部、耳部。人体中的血分为各种各样的，血发热会导致精神错乱，按照中医药理论，医生会给病人吃凉血的药物。肝开窍于目，肝不好，眼白可能是发黄的。如果一个人的眼白泛黄，手上又没力气，这个人的肝脏很可能是不好的。

张 目前六神丸有走向国际的计划么？

李 六神丸这个产品应该说在国际上做得还是不错的，主要是靠华人华侨把它带出去的。因为六神丸里面实际上含有矿物类药材，矿物类药材必然面临着一个问题，就是重金属超标，而重金属超标在国际评价体系中又特别被老外关注。但是按照我国的标准，六神丸的重金属含量完全在安全范围之内，所以药物本身是非常安全的。小孩也可以吃，一岁的小孩吃一粒，两岁吃两粒，成人吃十粒，所以六神丸的服用量很小，成人每顿才0.031 25克。而按照国外的标准来说，六神丸很难走出国门。美国、欧盟的标准对六神丸都不利。另外，这里面还牵扯到治病原理的问题。中医的理论就是"以毒攻毒"，没有这个"毒"的成分的作用，也就治不了病。经过处方分析，我发现六神丸在制丸过程中是拿捏得最恰当的了，所以才能做到药到病除。此外，六神丸经过几代人的经验性实验，证明确实是没有毒副作用的。中药和中药保健品又不同，保健品是要经常性吃、天天吃，而药是发病的时候才吃，所以相对来说，服用量比较少。

张 是不是大多数中药走出去都会遇到相类的问题？

李 现在中药走出去难度还是比较大的，一个重要的问题就是标准。比如云南白药，它的产品想出口到美国，美国要求云南白药集团先公布处方，在美国销售就不能按照中国的规定来了。美国所有的药品要求公布配方，当时云南白药因为属于保密品种，无法公布配方。后来想了一个办法，公布了一个假配方。这个事情后来也引发了许多麻烦。有新闻说云南白药在美国泄密了，那么云南白药公司出来辟谣，而美国方面又不答应了。所以说，中药走出国门道路还很长，特别是一些老字号品牌，像雷允上、同仁堂、胡庆余堂、达仁堂这样的老品牌中药企业的许多产品都涉及矿物类成分，重金属含量检测往往超标。

张 雷允上、同仁堂等老字号企业都面临过"重金属"超标风波，您能给我们解释一下中药材重金属超标的主要原因么？

李 中药材来源于天然的物料。我们常说的"本草"，按照物料基源实际上可分为植物药、动物药和矿物药，当然这其中植物药所占的比例最高，所以我们常常将中药材简称为"本草"。中药材当中的矿物来自天然的土壤。我们都知道，土壤中含有不同种类的重金属。动物在捕食的过程中可能因为食物链的累积而吸收到重金属；植物在生长的过程中更容易从泥土中吸收到重金属；当然，本身就是矿物类中药的，像丹砂、明矾、硼砂、卤石、轻粉、红粉、雄黄、雌黄等，制成的中成药一般会含有砷化合物或汞化合物。有的人谈到"矿物药"就很紧张，其实没有必要。中药材中的矿物药品种，仅《本草纲目》中列出的就有134种，其中金属类28种，玉类14种，石类72种，卤石类（能溶于水的矿物）20种。当然，中药材重金属超标的原因有很多。首先是中药材产地的自然生态环境有优劣之分，各类中药材作为天然物料都有可能受到外界环境，比如水、空气、泥土的污染，从而导致重金属含量增高。在不同的产地，不同的自然生态环境对土壤、水及空气的影响差别很大，而这些对中药材中重金属含量有直接影响。例如广西、云南、湖南三省土壤中含砷量较高，那么，这三省生产的中药材中含砷量就比较高。第二个常见的原因是，中药药材的转化生产过程比较复杂，像磨粉、提取、过筛等生产过程中，都有可能引起污染。所谓的中药材中的有害重金属元素，通常指铅、镉、汞、砷、铜、铬等，我们常规监控的有铅、镉、汞及砷四种。第三个常见原因是每种中药材自身的情况不同。特别是植物药，有一些药用植物对某种重金属具有生物富集能力，植物主动吸收某种重金属，并积存于植物组织内。当然，工业污染的原因也不容忽视。在工业生产过程中产生出来的含有多种有害物质的排放物，会含有铅、镉、汞及砷等多种重金属。这些污染物沉降到药用植物上，被植物叶面主动或被动吸收，造成直接污染。比如重工业活动较多的地区，他们所生产的中药材中含铅、镉量就较高。第四个原因就是我们常见的有机农药污染，包括肥料的使用也有可能导致中药重金属含量上升。我们常用的有机农药一般都含有铅、汞、砷、铜、铬等重金属元素，药用植物通过根部、叶面吸收，转运到植物体内各部，从而导致中药材污染。常见的工业磷肥中有镉、砷等重金属元素，长期施用以后，就会在土壤中积累，药用植物在生长过程中吸收这些重金属而被污染。

张 您谈了这么多种可能引发重金属超标的原因，有什么途径能有效防范重金属超标么？

李 这个防范还是要从源头上控制。我们应该根据原因来实施防范。工业污染造成的重金属超标就要改善工业污染地区的土壤、水及空气质量。药用植物要在达到优良农业规范的生产基地栽培，严格控制生长环境、农药及肥料的使用，杜绝重金属污染源的影响。除了药材原料方面的把控，中成药的生产过程同样需要严格把关，随着药品生产质量管理规范标准的实行，企业能够及时发现生产过程中存在的问题并加以改善。生产要在达到优良生产规范的药厂进行，中药材原料通过重金属测试后，方可使用。完成品也要通过测试，确保生产过程不受污染。对于含有矿物类中药的中成药，生产时须严格控制用药量，并且在产品卷标上清楚说明。药品生产质量管理规范特别注重在生产过程中实施对产品质量与卫生安全的自主性管理，这一强制性标准的推行十分有必要。

张　除了重金属超标的问题外，很多人对矿物类中药的使用存在疑虑，比如坊间常说人服用朱砂过后会导致中毒。朱砂虽然是可以用来镇惊的，但它含有硫化汞，汞会沉淀到人体的肾脏里面，引发慢性汞中毒，使人出现昏睡的症状。您能和我们谈谈矿物类药品的安全使用么？

李　服用少量朱砂是不会中毒的，而且处理方法很有讲究。雷允上在使用朱砂这一成分的时候，首先要对原料进行粉碎，粉碎之后进行水飞。在水飞机里进行72个小时的不间断旋转处理，可以将朱砂里面一部分有害物质"游离汞"分解出来，最后我们再把从水飞机里面倒出来的液体进行过滤。这样一种中药炮制手法，能够有效地将"游离汞"排除掉，保留有效成分。这样说，就又回到了中药制作过程中的两个关键要素，一个要讲究道地药材，一个要讲究古法炮制，这两点的配合非常重要。

张　明白了。就像我们常喝的藿香正气水里面含砷离子，砷离子的催吐作用就十分明显，同一化学元素在不同价态之间的转换会改变它的毒性。现在国际上虽然对部分中药药材存在质疑的声音，但另一方面，对中医的一些治疗手法却是很认可的，例如拔火罐、刮痧、针灸。这个在国外媒体的报道中也能体现出来，像奥运会期间，游泳名将迈克尔·菲尔普斯身上的拔火罐印记引人关注。

李　拔火罐后他一定能够感觉到舒服，人是放松的状态。另外，像艾灸的疗效也比较直接，通过针灸针来传热，将艾草上的药性传递过去，对温暖经脉、打通经络起到促进作用。所以说中药的神奇外国人也在逐步体会到。但这种"神奇"是经过千百年来的实践经验来印证的，证明是安全的，时间证明一切，所以慢慢地外国人也开始接受了。外国人讲究量化，西药的分子式是很清楚的，而中药没有这种条件，药理上的因果关系没办法说服外国人。

张　那您觉得中药保健品走出去会不会相对容易一些？

李　现在中药保健品越来越受到关注。随着生活条件的提高，人们的保健意识也在增强，开始注重健康养生，所以中药保健品销售的势头越来越好。好多药企的"主业"甚至没有"副业"做得好，药品没有保健品做得好。药品的经济效益一般没有保健品的经济效益来得快。做保健品的门槛相对低一些。相对药品而言，保健品一方面研制投入少，另一方面审批时间快，不像药品要经过反复不断的临床实验。研发一款药品最起码要8~10年时间，按照目前的情况来看耗费的资金最少要上亿。而保健品的开发相对来说就要快得多，所以很多药企为了快速发展，不会耗费那么长的时间等待。中药它有自己的知识产权，开发起来相当费力，所以现在很多药企为能够赶紧将量做上去，都在集中精力发展健康养生产业。

张　据我了解，雷允上也在做健康养生产业，是么？

李　是的。我们现在也成立了健康养生公司，没几年时间，销售额达到一个多亿了。但是像云南白药，它的"主业"药品销售跟"副业"销售完全是倒挂的。牙膏一年可以卖50个亿，20多元钱一支，"主业"才卖20几个亿。

张　一方面人们的养生意识在提高，另一方面中药保健品的利润也确实吸引资本进入。

李　对，短平快嘛。现在企业都关注快速发展，大家都在找一些有效的途径，最后找到了中药保健产品、健康食品。

他人看他

严燕青[1]：他是雷允上的一面旗帜

张 严总您好，首先感谢您能在百忙之中接受我的采访。我们知道，您和李英杰先生是多年的好友，这一路相伴，一定有很多故事，那么我们就从两位的相识开始吧？

严 我是1986年大学毕业分配到苏州药材供应采购站的。按照当时的政策，所有的大学毕业生是统一安排工作，而且用人单位都是要抢的。我被分配到了苏州药材供应采购站，李英杰在雷允上制药厂，当时就在六神丸班组做保密品种。那个时候是听说过他，有耳闻。我们做药材的经销，他们负责生产。

张 什么时候从耳闻变成见面了？

严 上世纪（20世纪）80年代，整个苏州从事中药经销生产的就一个药材站，一个雷允上。这两家寻根到底是一家，就是焦不离孟，孟不离焦，你中有我，我中有你。我和李英杰因为业务的原因在单位就碰上了，很平常，平常到我已经想不起来细节了。后来随着药材站和雷允上的合并，也随着了解的深入，我们的关系越来越好。90年代中期，雷允上要在苏州药材站零售药店的基础上成立连锁企业，也就是我们常说的雷允上和药材站的合并，我和李英杰变成了越来越近的同事，天天能见面。在1996年之前，我们只能说是在一个管理机构下边的两个分公司。李英杰当时已经是雷允上六神丸技艺的指定传承人，他的传承应该也可以说是一种"祖传"啦。他的父亲李根生就是新中国成立以来六神丸的第一代传人，他的父亲把技艺传给了大弟子徐志超，后来徐志超又传给了他。现在也有可能传给他女儿。

---

[1] 严燕青：雷允上药业集团副总经理，曾任苏州雷允上国药连锁总店有限公司总经理，与李英杰是多年的同事兼好友。

张　公司讨论过这事么?

严　有这样一种考量,他女儿现在也在六神丸班组学习。

张　是不是2016年过来的?

严　对的,他女儿之前在我们下面连锁店工作,对雷允上也是很了解的。

张　您有没有见过他的父亲李根生?

严　李根生我没有见过,因为我到药材站的时候,他父亲应该已经到南京去安度晚年了,那个时候我认识他的师兄徐志超。徐志超当时也是雷允上的红人,毕竟是六神丸制丸技术的第二代传人嘛。他话不多,但行事很认真,可惜的是他在2001年因病去世了。他是在我们合并以后得了病去世的。

张　徐志超先生好像是因脑瘤过世的,走得比较急,是吧?

严　对,走得比较急,主要是年纪不算大。

张　怎么说徐志超是李英杰的师兄?

严　徐志超是第二代传承人,但实际上是李根生的大弟子,大弟子没有徒弟就传给师弟了嘛。李英杰叫徐志超可以叫师父,也可以叫师兄。

张　这么多年的相识相交,能不能用一些关键词来说说您对李英杰先生的感觉?

严　他给我的第一印象就是淳朴。随着对他了解的深入,就感觉这个人有一种执着的精神,特别是在工作当中,而且对工作有特别多的热情。当然,要不然他也不会做到这一地步。然后呢,他对同事,对周边的人,也非常热情,非常友爱,经常愿意帮助别人。还有一点特质,他是军人出身,比较勇敢。这一点我还是比较欣赏的,这是他的特征,还是比较明显的。

张　为什么感觉他很勇敢?

严　他很讲公心,我们跑药材的时候,他都是大胆地讲出自己的观点,不会畏首畏尾,更不会昧着良心讲话。

张　是的,您说他比较勇敢,欣赏他,其实在采访他的老同学——药学院明志君教授的时候,明教授也说他没当兵的时候就很勇敢。在"文革"期间大家都贴大字报批判老师,就他勇敢地站出来说"我们还是要以学习为重",那个时候敢这么说话,不仅要超越时代的局限,更要有过人的勇气。

严　关键是有一颗公心嘛,有些人有良知,但不一定敢表达,敢表达出来的可能是在大浪中第一个倒下的人。李英杰很幸运没有倒下,也许这是命运当中注定的一个情节,也是运气吧,好人一生平安。

张 除了欣赏他的勇敢,还有什么?

严 正直、执着和忠贞。其实有时候我们工作当中都会碰到这样那样的不理解,因为很多事情都会发生。但是英杰跟我秉承一个理念:只要是利于雷允上的事情,利于企业发展的事情,我们都会做,尽我们最大的努力去做。有的时候年纪大的人离开了原来熟悉的岗位还是有点怀念的,其实我觉得他一直都想再回原来那个车间里转转。我跟他说:"从培养人才的角度来讲,您应该要放手。"但是有的事情他舍不得放手,包括我也有这样的时候,叮嘱下边年轻人做事的时候总说:"小心一点,当心啊,这样做这样做。嘿,怎么这样呢?"其实人家已经会做了,但还是不放心。这一点每一个年纪大的人都这样,就像看见自己的小孩在学走路的时候不放心一样。看到他们总是有点不放心,最好是自己亲力亲为,但是反过来讲,为了社会的发展,有时候必须要学会放手。大多数时候只要大方向的管理规范了,即便是有一点小的偏差,再把它修正一下就行了。所以现在我们的心态比以前好多了。刚开始他也总是担心说,他们会不会出错啊?就是纠结,特别纠结。但是这种纠结是对企业的一种热爱。从某种程度上来说,正是因为放不下,所以才纠结。

张 严总,您跟李总一起出差的机会多吗?

严 之前不是太多,他后来从生产车间生产部经理岗位调到我们公司总经理助理岗位,开始管采购这一块以后就多了。因为我在公司主要是负责保障稀缺资源供应的,李英杰管理药材采购这一块,这样我们就是怀揣共同目标了。特别是我们公司的明星产品六神丸的原料,其中有一味麝香,是国家控制供应的。当时国家林业总局在固定的配额之外,也鼓励使用单位去驯养麝,驯养过程当中所得的麝香可以不计算在当年的麝香使用指标内。所以我们企业当时看到这一点之后,我和李总就负责跑这一块业务。我们跑过很多地方,四川、陕西、甘肃,说得难听一点,产麝香的这些地区都是山窝窝。有一年,具体哪一年我记不清了,大概是2008年的样子,我们从陕西镇坪出发到四川阿坝,要经过康定。从镇坪到康定的话必须要翻过二郎山。那个时候我对长征的认识啊,就像电影作品中反映的那样,感觉长征真是不容易啊。我们在二郎山脚下的时候,风和日丽,都是20度10几度,但是快到山顶的时候就已经是冰天雪地了。我们的汽车不好爬坡,就绑上防滑垫。等回到了二郎山下面,天气又晴朗起来了。所以我觉得红军靠两条腿能爬过二郎山真的不容易,毕竟我们汽车爬过二郎山都不容易。山下面的天气好得不得了,到了山顶就是天寒地冻,这种特殊气候也是一种天然屏障。我们也跑过许多山区,像四川、新疆，海拔几千米的山也上过，就是没有遇见过这样的天气，唯独在二郎山，真真切切地体会到山下晴空万里、山上冰天雪地的感受。所以从那以后，我常说，走过长征路才知道长征的辛苦。李英杰是参加过对越自卫反击战的，他比我淡定，也比我有抵抗艰苦环境的经验。

张　您和李总去康定做什么？

严　当天晚上赶到康定是因为甘孜州那边有一个麝的养殖专业户，我们要跟他谈一下，想看看能不能做种源上的收购，包括各种可能的合作，因为到目前为止，大规模养殖麝，技术是不成熟的。因为，麝的胆子很小，都是农户自家来养，你几头、我几头地养。而且根据我们的经验，麝的养殖一旦超过一定密度以后，麝会自然地死亡。麝的这种死亡和生病，跟它的特性有关。因为我们药物中的麝香要取的是雄麝的香囊，这个雄麝的香囊从功能上来说，它是为了爱情、为了子嗣繁衍而存在的。为了生存，每头雄麝是有自己固定的地盘的。就像很多其他动物一样，雄麝也是用气味来标记地盘的。如果某一头雄麝的香不太香，那就代表那头麝的体质不是太好，地盘也容易被侵占。除此之外，到了发情期，雄麝也是靠发出的香味来吸引雌麝过来交配的。所以说，为了自己的领土和爱情，雄麝必须大量分泌麝香。

张　人工养殖麝不能够保证每一头麝的活动范围么？

严　我们人工养殖麝以后，虽然每头麝都根据科学测量的范围给了它们空间，但由于它们不用自己去劳作，伴侣也是分配的，这个过程当中会导致麝香的质量下降。此外，麝胆小的性格也决定了它在饲养过程中要驯化会特别困难。我们国家在1958年的时候就开始养麝。当时安徽省的富至岭和陕西的镇坪一带都是比较有名的养麝基地。陕西镇坪就是周老虎事件那个地方，而且周老虎人就住在陕西镇坪林麝养殖基地对面，是同一个村的，很近。当地人对周老虎是比较了解的。还有一个养殖地是甘肃的新农山，还有一个是在四川的阿坝。这几个养殖地的种源都不一样，有的是林麝，有的是马麝，有的是黑麝。从1958年到现在，安徽富至岭的养麝基地已经彻底倒闭掉了，甘肃新农山的虽然还在，但是已经有几次资本的重组。这些养殖地为我们麝的饲养做了很多贡献，但是回报还不是太理想。

张　去康定那次完成养麝的洽谈任务了么？

严　那次经历还挺惊险的。那一天我们是晚上十点多到了康定，本来想着要感受一下《康定情歌》里描写的小资情调，但到了晚上十点已经看不到什么了，想想第二天早晨再看看吧。结果到了夜里十二点多的时候，就听见楼连着三声巨响，我立刻反应过来是地震了。好在我们住的房子是木结构的框架，如果是水泥结构的可能我们发现得还要迟。我睡觉是比较警醒的，李英杰他还在睡觉，我摸着黑把他叫醒了，我们就赶紧下楼了。当时我们还有一个同路的接待向导，司机把他也叫上，然后我们一商量，决定连夜赶去我们联系好的养殖麝的农户家。说白了，就是转移吧。后来想想，我们当时的决策是错误的，因为一路上余震还是比较多的。山上的小石头不断滚下来，砸在路上，砸在我们的车上。就这样，我们一路上像冒着枪林弹雨一样逃出了康定。不应该叫逃出，哈哈哈，应该叫智慧转移。那一天我们眼睛都不敢睁，还是很险的。到了凌晨三点钟的时候，那个司机说他不行了，开不动车了。我看他又累又困，再开山路也很危险，于是我们就歇了一阵。那种山路我也不敢开。大概到了五点，总算是到我们约好的那户农家了。在他家喝了点热茶以后，开始有点醒了。所以回来以后我跟李英杰开玩笑说，为了雷允上的六神丸事业，我们也是担了风险的。

张 您描述得非常精彩！严总的口头表达很引人入胜，像讲故事一样。

严 我不擅长讲故事，只是一些真实的感受。当时的情景我印象还是很深的。特别是我们从招待所跑出来的时候，看到康定城的人都在外边，大家都裹着个毯子在外边待着。我和李英杰住的是他们当地州政府的招待所，算最好的建筑了，有三层楼。他们那些藏民住的都是泥房子，一下门打不开了，一下窗打不开了，大部分逃出来的人都是慌慌张张从家里逃出来的，大半夜的，就裹着个毯子在空地上呆着。我们能够穿着衣服逃出来就已经很不容易了。

张 这称得上是共患难了，所以说是革命小伙伴啊。

严 嗯，革命老伙伴，不是小伙伴。

张 哈哈，那革命伙伴在共事的过程中除了这些惊险的片段，能不能分享一些比较美好的经历？因为采购药材还是挺辛苦的一件事，你们是怎样苦中作乐的？

严 其实我跟李英杰一起不光是跑麝香，我们也跑蟾蜍，各个地方都去跑过。这两天李英杰又去苏北了，那边其实是我们中华蟾、黑眶蟾的一个产区。我和李英杰在工作当中一直合作得很愉快，因为我们配合得很好。这么多年的老搭档了，知根知底，也没有什么尔虞我诈。我们都是从基层干起，有共同的经历，共同的目标，共同的理想。所以啊，我一直觉得很愉快，平时两个人也开开玩笑，喝喝小酒。友谊这个东西嘛，我觉得怎么讲呢，患难时刻见真情，每一次共同经历过一段患难时光，之后都是非常愉悦的体验。工作中的前进是无止境的，我和李英杰都是把具体的每一次工作当作一项任务，任务完成了，那就很开心。偶尔在工作当中也会有一些磕磕碰碰，但那都是为了工作，所发表的个人意见也都是为了共同的目标。为了走向共同的目标而进行的辩论都是正常的。2006年之前，李英杰负责生产，我负责下面的连锁店。2007年开始，我负责濒危物种的政府交涉，因为有一些濒危物种涉及用药的，比如麝香，是需要林业系统进行审批的，我就负责和政府打交道，李英杰负责采购。我俩一个负责跑审批，一个负责使用，就是这样一个情况，很紧密的伙伴关系。

张　双剑合璧！

严　他更像是我们雷允上的一面旗帜。一般情况下我负责对外事务，该协调的工作我先协调好，等准备工作做好，我们就可以请李总来完成下面的工作了。像类似采访、上主席台这样的事情，都是他来。我相当于是幕后，他是台前。这是必须的，搭档之间要有一个配合，把自己定位定好。他讲话中气足，发言的时候又有感染力，面相也给人感觉实在、诚恳，感觉他讲的话都是真的，可信度比较高。工作上，我们两个人搭档还是非常默契的。所以昨天纪经理给我打电话说有个采访，我说怎么李总也没跟我说，又给我安排工作了，哈哈哈，开玩笑的话。

张　您刚才说会一起喝喝小酒，酒逢知己千杯少，您跟李总这么投缘，一定有一些相似之处。您觉得哪里跟他最相似或者说最合拍？

严　最相似的地方可能是经历，我们都是从基层干起来的，比较踏实。另外一点就是我和李英杰都喜欢讲实话，敢于讲真话，愿意把自己真心的东西表露出来。需要表明立场的时候我俩绝对不含糊，这个应该说是最大的相似之处。不过，我们虽然是知己，但是那个"酒逢知己千杯少"基本上是没有的，李英杰不爱喝酒，有应酬的时候，要么是我帮他挡酒，要么是我不带他去喝酒。

张　这样我想起来了。李英杰先生好像不太爱喝酒，也不太爱打牌，文体方面的爱好倒是蛮丰富的，打打球、唱唱歌都喜欢的。您听过他唱歌，或者跟他飙过歌吗？

严　他唱歌唱得很好。我发现当过兵的人都爱唱歌，嗓门也大。他讲话唱歌，确实有一些与众不同的感染力，这或许跟他的当兵经历有关。我觉得当过兵的人都喜欢唱歌，而且不管这个歌唱得好不好，他都敢大声地吼出来，这是他们最大的优点。不过李英杰相比大部分人来说，歌唱得是好的，乐感也很强，至少比我唱得好多了。

张　所以您给老搭档的评语是：喝酒不怎么样，歌唱得好。

严　他确实是喜欢唱歌，每次飙歌他都是麦霸。

张 他在之前接受我采访的时候说过，唱歌就跟学语言一样，一定不要害羞。大胆讲出来、唱出来才可以。李总是南京人嘛，但是苏州话也讲得很好，敢讲敢说。

严 这个说得是对的。他语言天赋也好的。

张 但是他酒量不好，牌技也不行。听您刚才的描述，您好像会打牌？

严 我喜欢打牌的，娱乐性质的。我们老祖宗说过一句话，小赌怡情嘛，我曾经也把它当作座右铭。休息的时候，找几个朋友打打牌，谁输了谁请客，大家也很愿意。不过不谦虚地说，我打牌也有天赋，李英杰是语言有天赋，我是不管什么牌，看过三遍我都会打。比如说有某种牌我没有打过，我站在边上看别人打，周围人一说，我就明白了。你说精明呢，我不是太精，但是我对打牌有悟性，总感觉还挺有灵感。

张 这个是聪明的一种体现，很多牌打得好的人记性都很好，因为打牌是要记的，不记牌一万年打不好牌。

严 牌打得好也有麻烦，现在周围的朋友都不太愿意和我打牌，因为我不太输，他们就不跟我打了。

张 可以偶尔打个盹儿，输两把嘛。

严 这个忍不住啊。就像去KTV唱歌，李总就是麦霸。他自己说的，他要先来唱几首，但好多人是从头到尾坐在那里不唱的。

张 和李总一起唱歌，他是不是把您的那份儿也都唱了？

严 哈哈。我是帮他喝了酒，但他倒是没把我的歌儿唱了。我和李总一起唱歌的机会不是太多，因为我说过，他不太喝酒嘛。我和他的聚会都是在大众场合，他不会出来唱歌，毕竟他是公司的高管。至于小范围的聚会呢，往往是大家喝高兴了就回家睡大觉了。

张 李总经常面对媒体，我在做访前准备的时候，看到您也多次接受媒体采访，很多媒体都亲切地将您称为"老药人"，您怎么看这样一种身份角色？

严 你知道我是从基层一步一步走上来的。最早，我是从药店的营业员开始做起，从学校毕业是分配到零售药店工作的。这个用我们的行话说叫作"在前面做"。雷允上后边的加工厂我也干过，我什么岗位都做过。当时1986年从大学毕业，那时很少有毕业生进连锁药店，我是我们这里第一个走这条路的。一般大学生毕业以后分配到公司的话，都是在技术含量比较高的岗位。我分到的是营业员，自己觉得分得不好，但是后来慢慢感受越来越多。我总共在四家不同的门店工作了四年，越做越喜欢，一直到现在，我最喜欢做的事情就是抓药。有些东西并不是书本上能够学到的，一定要沉到底才能学到知识。我始终认为只有从基层磨炼、锤打出来的人才有可能成为合格的人才。那时候黄一峰老先生、奚凤霖老先生他们都会来药店坐诊，在他们比较忙的时候我会帮他们抄抄方子之类的。这其实是一个机会，但是年轻的我没有珍惜，导致我在中医这方面没有更深的发展。

张　那时候抄方子是用毛笔抄吗？

严　不是，都是用钢笔抄。王鸿翥（"文革"期间被迫停业）复业以后，我各个岗位都干过，抓药、销售等等，所以我对这份工作从内心深处还是蛮感激的。如果不是在前面接触到这么多种药，我也不会发现我这么喜欢中药。我本身对中医中药是蛮喜欢的，后来随着在工作中不断地接触，我就越来越喜欢它，所以有些媒体会把我称作"老药人"。没有在药店这几年的工作，也许就没有今天的我。有些当时比我分得好的，甚至学历比我高的，现在反而离开了医药行业。当然也有一些留在雷允上，成了老同事。但是正因为有这样一段基层工作经历，一步步走上来，在实践中，我才发现了自己的热情。是我喜爱的中医中药行业成就了我，不然没有机会的。

张　那个时候大学毕业生算得上是天之骄子了吧，虽然工作都是分配的，但分配的结果也有一些区别。

严　那个时候呢，我们那个学校是江苏省医药公司委托代培的，从学校毕业一般都不分到药店，而是分到公司。这种模式属于定点定向的培养，为的是要发展中医中药，国家当时就有这个政策导向。我记得当时日本出了一个口号，"把汉方药变成日方药"，但是好在经过这三十几年，汉方药也没有变成日方药，证明我们的努力还是颇有成效的。为什么他们没有得逞呢，是因为他们缺少中医的理论基础，也缺少中药炮制的规范。最最根本的是，他们缺少中药的基层员工。这一点因为我感触深，所以我可以夸大一点地说，没有大量基层人员，日方药做不下去，这也是为什么国家反复提倡"匠人精神"。我们的中医中药不是高精尖的人员传承下来的，是基层的中医中药人员沉淀出来的，好多加工工艺都在民间。我读书的时候就学过很多的加工工艺。比如说半夏，有生半夏、清半夏、姜半夏、法半夏、京半夏等若干种，有的是化痰用的，有的是散结的，有的是外治痈肿。可如果用统一的标准来要求，都开成半夏，怎么说？中医特别强调具体问题具体分析，对于地方性的东西要保留。我在跑药材的时候就发现，在偏远的地方，有些中药人自己加工的东西还在。你比如说附子，我们这边的附子都是统一用来入药，用来补火助阳、散寒止痛的。但是我去四川的山里边发现，他们加工的附子，各种加工工艺是不一样的，有一种加工方法就是用附子烧肉吃。我们说这个附子，医生开处方的时候，用量是在6到9克，超过一定剂量医生是不敢开的，但是当地人就是把它跟红烧肉一起炖着吃，这主要是和当地的环境有关。四川一带高温高湿度，容易得风湿病，到了天凉的时候，当地人就有吃附子烧肉的习惯，以增强体内的阳气。所以中医的很多加工工艺是不能一概而论的。在我看来，我们中医还是要保留各个流派的，但是现在我们都是一个标准，这个会产生问题。反过来说，作为药物而存在的中草药，也确实需要一个把关的标准，为了负责任嘛。这样一来中医中药在传承和发展过程中就会遇到好多问题，是比较头疼的事情。也许，某种程度上，我们可以借鉴一下美国的州立法制度，来考虑中医药的标准问题，中药的标准也面临地域性的问题。

张 我们国家今年出台了《中华人民共和国中医药法》（2016年12月25日发布，自2017年7月1日起施行），您怎么看在这个时间点出台这样一部法律？

严 这对中医药的发展有很好的促进作用。用法律的形式把中医药相关的规范规定下来。

张 国家之所以要出台这部法律，是由于国家更加全面地重视中医药发展，包括中医药在师徒制方面的传承、工匠精神的提炼以及手工艺方面的传承。这三点是中医药发展过程中的重要环节。

严 你高度概括了工匠精神这个概念。在以前计划经济的时代，我们国家有八级工、高级技师等手工技术人才。那个年代，八级工拿的是高级员工工资，比经理工资都高。但是现在我们公司部门经理的工资要远远超过员工的工资。为什么？因为当时技术、行政是分开的，技术工种就拿技术工资，行政就拿行政的工资。但是现在把这种界限打破了，这就导致工匠精神没有生存的土壤了。在这方面，德国还是延续着这种分配方式，很多工程师的收入远远高于部门经理，所以德国的工匠精神才会传承下来。现在我们不是讨论计划经济好或者不好，计划经济有其优点，市场经济也有其优点。但是，当我们把市场经济或计划经济片面化理解以后，放弃了计划经济中的优势，很多优秀的高级技工就被淘汰了。国家花费了很多的精力、资金培养出的优秀技工、工程师，一波市场经济的浪潮就把他们都冲散了。当然，现在国家又开始重新重视技师、技工的培养，很多高级的蓝领人才又开始得到培养，很多技师学院、技术学院又开始招生办学。为什么？因为这些技术人才是国家发展的基础，是基本的智力支持和人才保障。中医药的发展同样需要一批优秀的技术人才。如果没有经验丰富的中药人，中药就没法传承下去。工匠精神需要生存的土壤，没有土壤，工匠精神无法传承。假如说，工匠们辛辛苦苦地付出，结果收入却是管理人员的几分之一，这如何能让工匠们认真工作？这种情况下，工匠精神没办法传承。

张 之前在采访李总的过程中，他也提到过，当时他父亲李根生先生的工资跟厂长是一样的，拿最高的工资，有94块多。在社会主义改造之前，雷允上还没有进行公司合营，当时的高级技工师傅可以拿到最高级别的工资。这就是您说的要辩证看待市场经济和计划经济。计划经济和市场经济各有优长，但是在市场经济发展的过程中如果没有权衡改革过程中的沉没成本和机会成本，势必会造成人才的浪费和流失，就像您刚才所说的湮没了一批工程师和技术人员。

严 对。一旦在这个过程中，技术人员和手艺工匠越来越不受重视，那么到后来就变成全民经商了。但是，任何时候都需要技术人员把本职工作做好，如果技术人员都把自己的本职工作给抛弃了，那谁去做生产、做工艺，谁去传承和发展这些复杂技艺？当然，我们需要赚钱，毕竟生存是第一需求，这个话题就说得有些远了。在我看来，中药人就是工匠精神的体现，如果你能真正沉下心去学技艺、练本领，早晚会脱颖而出。现在我们连锁药店里几个经验丰富的老中药人，全部都是能够沉淀下来踏踏实实的技艺人才。不能沉淀下来的人早走了，这个也是没有办法。几个老药师，都不是太"聪明"的人。但是他们能够沉淀下来，正因为他们不是太"聪明"，所以他们才脚踏实地地干，然后才会有今天。现在他们都是我们连锁药店顶梁柱式的人物了，这六位老师傅被称为"六大金刚"，当然英杰也是一大"金刚"。作为我们雷允上的标志性人物，他们都是采用以师带徒这种方式培养后人的。

张 雷允上采用的这种药店经营模式，把吴门医派、药店经营、治病、制药结合在一起。这种方式是可行而且能够长远发展的，把名医聚集在一起，选用道地药材，这样才能形成一个完整的体系，进而发挥中医中药的作用，而不是只着眼于当下的利益，比如说看到保健品挣钱快，就做保健品。

严 嗯，以前的药店是分前店、后工坊的。那个时候有钱的人开药店，比如说潘基药店，就是为潘家人专门开的一个医疗机构。当时苏州有两"潘"，一个富"潘"，一个贵"潘"。潘基药店最早是不对外经营的，只为潘家人服务，到后来发展为一些关系好的亲戚、朋友，包括社会人士通过找关系过来就医拿药。当时通用的做法就是名医开药店，比如说王鸿翥、沐泰山等。像我们雷允上，也是名医自己开药店。所以，1986年的时候，我在药店工作，雷允上还是分前店、后坊的。后坊有什么？加工、切片、磨粉、泛丸、熬膏这些工艺。听他们老师傅介绍，每种工艺下边还有细分，比如切片又分头把刀、二把刀、三把刀等等。头把刀的工资就比二把刀高，后边还有三把刀，再后边就是学徒。这么划分为一、二、三再加学徒的形式就需要技术一步步提高才能逐渐晋级。学徒必须要学成了才能转正，但是你要升到三把刀、二把刀、一把刀，一个是磨炼技艺，一个是大浪淘沙，把前边的人淘汰，才能上去。因为切片的手艺伯仲只在毫厘之间。切片的时候每片超过一点点长度就无法体现出工艺的精进。以前《本草中国》来做访谈的时候，我们也提到过，切150片跟180片的差别就在毫厘之间。

张 就像您说的一把刀跟二把刀的差别真的就在这毫厘之间？

严 像槟榔这么大吧，要切108片。当然108片也有点故弄玄虚。但是为什么要切成108片，其实切成100片左右也差不多，就是说这种技艺的要求。如果考核标准是108片，头把刀切出来是108片，你要超过头把刀，最起码也要切到108片。也有可能二把刀切成107片，三把刀就只能切成100片。就这么个概念。简单计算一下，普通的槟榔算2公分吧，2公分除以108，每片才多厚？所以，技艺就体现在微小的差异之间。不止切片，磨刀也有技巧，装刀、配刀都有技巧。刀装得不好，刀大了，稍微有一点点偏，切出来的片是会拉尾巴的。这些真的是技艺，是技巧。

张 而且就像您说的，学习技艺是要踏实、要苦练才能有所成就的。像李英杰先生就是如此。他在学六神丸工艺的时候，也是踏实苦练，总共花费三年多的时间，才算比较完整地掌握了制丸技术。而且他是在父亲跟徐志超先生双重指导下才有如此的进步速度。因为他父亲有一年多的时间跟他一起在雷允上工作，算是共事吧。

严 他是开了小灶的，哈哈哈，进步这么快。

张 技艺的传承靠的就是踏实，就像您说的，过分灵活的人不一定适合做这个事情。必须要踏实，要肯吃苦，这个在李总身上确实可以切实感受到。李总的个性当中天生有这样一种责任感、踏实感。他不太高调，比较低调。您觉得还有其他原因么？

严 一方面是他对工作的热爱、执着。还有一个原因是，毕竟这个工艺是他父亲传承给他的。如果在他身上丢了，我估计他到了那边也不好跟父亲交代吧。这也是一种责任感。他有两个责任，一个是对企业的责任，一个是对家族的责任。所以双重责任让他不得不脚踏实地把这个事情做下去。聪明人有个特征，就是碰到问题会掉头想办法解决。我见过好多的聪明人，包括我们同事。比如说，聪明人他碰到问题拐个弯，碰到问题拐个弯，再碰到问题，哎，回到原点了。但是如果说碰到问题勇敢钻下去，深入研究下去，后来会发现成功了。大概就是这个意思。总而言之一句话，往往成大事的人不一定是聪明人。但是，要对自己下得了狠劲，要吃得了苦，吃不了苦成不了事。所以现在有这么一个说法，情商跟智商，情商高往往比智商高更有优势。还有一个说法，就是要有韧劲。有股韧劲的话，成功率就高了。所以，在李英杰身上这个韧劲还是有的。

张 聪明人喜欢摘桃子，喜欢摘那个成熟的桃子，但是踏实的人会考虑把桃子种出来。桃子摘摘就没有了，如果你不去种的话那么永远都没有收获。

严 聪明人如果能够一直摘桃子的话那就是伟人了，如果能摘到桃子那是很厉害的。我说的"聪明人"是那种看到市场上桃子好卖了，就种桃子。种桃子太累了，就掉掉头吧，一看人家地里的梨树种得很好嘛，就又去种梨树。后来梨树不好了，又去种柿子树。最后发现还是种草最方便，结果什么都种不出来。我说的"聪明人"是这种"聪明人"。如果真有本事摘桃子，那是牛人，一般人是做不到的。自己不用动手，让别人帮着种桃子，还能摘桃子，那是领导、老板。

张 李英杰先生称得上是"老骥伏枥、志在千里"了。他1960年出生，本该退居二线了，但他工作还是很忙，各方面千头万绪都在顾及着。您觉得他是怎么做到一心扑在雷允上的？

严 雷允上的一面旗帜就是李英杰，所以李英杰不会倒也不能倒，除非有人接过这么一面旗帜。每次我们公司的新闻发布会，他都出席。他是形象代言人，不是说他准备退休或者退二线就可以，没人接班的话他永远退不了。也许我退休了以后，他还在为雷允上的事业奋斗。他对企业的感情挺深的，一辈子在这儿工作、付出。每次在外边开会提到雷允上的时候，他都把这里当成家一样，或者把雷允上当成一个很重要的生命组成部分。

张 2016年吧，雷允上被评为世界中医药学会联合会理事单位。李英杰先生当选第一届理事会理事。这个怎么称为世界中医药呢？

严 中医药起源于中国，但很多国家也逐步接受中医药了，我们把它们也一起带上，然后把中医药这个牌子做得大一点。这一点我一直觉得我们习总书记说得非常有道理："中医药是中华文明瑰宝，是5 000多年文明的结晶，在全民健康中应该更好发挥作用。"以前，我们中医药老是被人家点评，这个不对，那个不对，这个不行，那个不行。现在，习总书记所强调的"希望广大中医药工作者增强民族自信，勇攀医学高峰，深入发掘中医药宝库中的精华，充分发挥中医药的独特优势，推进中医药现代化，推动中医药走向世界"，可以说给我们中医药人打了一针强心剂。2008年我接受一次采访的时候说过，我们要做中药的捍卫者。那个时候我老是听到一些搞化学医药的人说中医药理论体系不行。

张 您是怎样回击他们的言论的？

严 我说不是我们理论体系不行，是我没办法在很短的时间内告诉你这个理论体系。中医中药的理论体系，需要接触了以后有很深入的学习才能懂。就像1+1=2，一说别人就懂；但是中医这个东西不是1+1=2，不是三分钟就能够解释清楚的，而是1+1=3，1+1=4，甚至是1+1=0的概念。这个有可能一会儿就讲得通吗？这是无法在短时间内讲通的，轻易否定者还是因为不理解。这跟我2017年10月18号在故宫开老字号座谈会的时候说的一样，正因为我们没办法在很短的时间内告诉别人，把它（中医中药）阐述清楚，所以人家不理解。等他们接触了以后，就理解了。这是一点。还有一点，生产化学药品的一些国外机构，它们在接触中医药的过程当中能感受到中药的魅力了，然后，一些图谋不轨的机构就过来掠夺中药文化资源，就是先把中医中药否决掉，然后它们自己发展植物药谋取利益。国外很多机构会派代言人过来。什么样的代言人？这波人有可能是留德留美留日的一些专家学者，他们使用国外的一套理论来解释中医药。因为这些专家学者在日本或者美国的时候，他的生活费用和研究费用都是国外出资的，这些经费令他们生存下来，然后外国政府或者医药机构把他们教育成为类似"1+1=2"这种理论体系的人才。所以他们只会说1+1=2，这是一种文化的侵略。还有一种情况，就像方舟子这样，被别人收买，恶意抨击中医药文化，就像是文化的汉奸。这个话可能有点偏激，但是我的意思就是任何人不能无端地、一家之言地去质疑中医药。近年来，我们国家关于中医中药的保护和传承这一块做得越来越好，包括中医药立法等等，现在没人再出来质疑。

张 没人再跳出来说我们要摒弃中医中药。

严 方舟子2016年的时候在上海成立了一个反中医联盟。2017年这个联盟就被取缔了，我们国家不允许这种组织存在。

张 因为西医的理论系统跟中医的理论系统是不一样的。中医当中很多药材并不是这一味药直接发生了什么功效，而是药材之间相互作用。中医讲究相生相和，讲究天时地利，像您之前说的麝的养殖等。您刚才说日本人想把汉方药变成日方药，能具体谈一谈吗？

严 我可以再跟你讲一下日本人是怎么剽窃汉方药的。日本人当时找到了一个途径，就是把张仲景的所有的方子拿去做实验。例如六味地黄丸，日本人把六味地黄丸的六味药材单独制成颗粒，要用药的时候把这些颗粒放在一起冲泡一下，但是结果发现药效不行。日本在上世纪（20世纪）80年代就想要以这种方法来打败中药，但是没有成功。

张 日本人一直觊觎中国的中医药文化，包括觊觎雷允上六神丸的配方，这个是大家都知道的事。日本也推出了一些所谓的汉方药，因为日本还有韩国对于汉方药还是很想挖掘的。日本人把六神丸的六味原料拿回去之后，也研制出一款强心的药物，跟咱们的六神丸不一样。他们只知道拿几个配方回去研究研究，结果做出了一个四不像，误打误碰成了一款强心药物。

严 这是因为日本人只是把药方抢过去，但是生产工艺没法抢。六神丸有一种抗病毒的效果，所以在2003年"非典"的时候是作为一种急救药物、治疗药物。把药材中的活性成分去掉之后，有治疗心脏病的效果。其实六神丸也有强心的作用，但是功效太强大，长期服用对心脏的纠正过偏，所以不能用来做心脏类药物。

张 六神丸作为中药抗生素，这个是国际上都承认的，而且2003年抗击"非典"的时候确实是作为首选药。聊完了工作和中医药，您和李总在个人生活方面，会互相倾诉倾诉么？

严 遇到子女的教育难题的时候都会相互开解开解。有的时候家里的事情，儿女的一些事情啊，都会沟通沟通。我们对彼此来说一个重要的角色是倾诉的对象，很多道理都明白，但讲出来以后，希望能得到对方的一些安慰吧。我们之间会有这种相互的安慰，相互的开解，算是一种排解。每个人都需要放下一些，才能继续出发，我们就互相作为对方的"垃圾桶"，类似于这种概念。很多大道理其实大家都清楚，但是讲出来就舒服了。他之前担心女儿的婚姻问题，我也会开导他，让他不要担心，女儿总会找到自己的归宿，总会有那么一天的。后来，他女儿真的很快就找到了男朋友，然后半年当中从认识到结婚，现在已经马上生小孩。你看多顺利，生活就是这样起起伏伏。

张 您的分享都很精彩。感谢您接受我的采访。

明志君[1]：英杰是个有担当的热心人

张 非常感谢您能抽出时间接受我们的采访。您是李英杰先生的老友兼同学，我们主要希望通过您和他相处的故事，更加全方位地了解李英杰先生作为"非遗"传承人的事迹。明老师，那么我们从您和李英杰先生的相识开始回忆。您跟李英杰先生是从什么时候认识的？

明 我是1975年读高中的时候认识李英杰的。那个时候是"文革"时期，我的家庭从城里下放到农村。李英杰和我在高中阶段是同窗，从那以后一直保持着多年的友谊。

张 您当时和李英杰先生是在哪所中学读书？

明 当时是在南京江宁县的淳化公社淳化中学读书。那时候还是公社制，相当于现在的乡镇。淳化中学在当地算是一所比较好的高中。

张 您那个时候高中的学制是和现在一样三年么？

明 那个时候学制和现在不一样，当时实行学制改革的政策，要搞革命。初中两年，高中两年，整个中学阶段的学制是四年。

张 您是南京本地人？

明 我是南京人。"文革"期间随父母下放到农村，我8岁的时候就下去了。那时候父母被打成"右派"，一起到了农村。我从小学到高中都是在农村读的。

张 按照地区划分学校，您和李英杰先生的居住地应该不太远？

明 实际上我们住得并不近。因为当时我们上高中和上小学还不一样，不是就近

---

[1] 明志君：苏州大学药学院副教授，20世纪90年代旅美留学，曾任美国范登比尔特大学（Vanderbilt University）研究员，1997年年底回国，与李英杰是高中同学、挚友。

原则。我就读的小学和高中就不在一个地方，距离还挺远的。我是在一个小山村里上的小学和初中，到了高中，我们当地就这一所比较好的高中，大家都从附近到这儿来上高中，我和李英杰才相遇了，认识有四十多年了。

张　李英杰先生在接受我们采访的时候也反复提起说，他和您的友谊有半个人生那么长了。因为脾气性格和研究领域的原因，他和您的人生轨迹一直有交集。这些年是不是断断续续一直有联系？

明　四十多年了，一直有联系。从高中毕业，我上了大学，他去当兵了。那时候考大学非常难，我们年级几百个毕业生，当时考上大学的就两个人，我们班就我一个。我是1978年参加高考的，录取率只有7%。包括老三届一起600多万考生，最后录取的也就40多万。他当兵以后，我们一直有联系，主要是通信来往。我们之前是很好的同学，在高中时他是我们班的班长。

张　他提到过班长的身份，也谈起过很羡慕能继续读书的同学。他自己后来选择了去当兵，转业以后就进入了雷允上，这样就走进了人生的另一幅篇章了。四十多年的相处，如果请您用几个关键词来形容他，您更愿意用哪几个？

明　通过这么多年的相处，我认为他首先是非常地负责任、有担当。不管做什么事情，在中学里当班长也好，在部队里当班长也好，在雷允上当领导也好，都很有担当。第二个，他很热心、乐于助人，在别人有困难的时候，他只要能帮助别人，都乐于帮忙。第三个，工作中兢兢业业。不管工作有多么苦、多么难，他都任劳任怨，也不计报酬。

张　所以您给他的三组关键词是负责任、有担当，热心、乐于助人，兢兢业业、任劳任怨。

明　还有投入，他做事的时候总是全身心地投入，当然这也是负责任的一种体现。

张　他在高中阶段做班长的时候，有没有一些事情集中体现他的这种责任心？

明　那个时候是在"文化大革命"，大家都在贴大字报、搞运动，所以说那个时候很多学生不安心读书，上课的时候老师来了就起哄。他作为班长，认为应当尊重老师，既然来读书，就应当把学习学好。别的人在给老师捣乱，贴大字报反对老师，特别是一些教英语的老师被称作有海外关系，那个时候是很怕有海外关系的。李英杰作为班长贴出了一张大字报，大意是"我们班该怎么办"，也是希望大家能够把精力放在读书上面。我觉得这是他敢作敢为的一个体现，有担当，与不良倾向作斗争。他能够看出来，在学校要以学习为重，不应该反对老师。他有自己独立的见解和想法。我觉得他作为班长，在当时的情况下能够站出来，呼吁同学们安心读书，把大家从混乱当中拽回来安心读书，是很难得的。他自己学习很努力，同学们也很认可。我当时学习在班级里是在前列的，也很支持李英杰的观点和做法。

张　这种举动在"文革"时期是冒了风险的，对么？

明　是有风险，如果被"造反派"抓住当作把柄就麻烦了。

张　但李英杰还是倡议大家要把学习放在重要位置？

明　他就是说出了自己的主张。

张　这些老同学之间还有聚会么？最近一次是在什么时候？

明　有。我们现在也有微信同学群和互相之间的朋友圈。微信群每天都会看一看。比较大型的聚会是在毕业30年的时候，我们俩从苏州一起坐车子去南京，再到江宁县。同学们聚集在一起，大家叙叙旧，都很不错。很多年没见面了，大家在一起谈谈各自的发展和现状。还有一些同学已经做爷爷奶奶了，蛮开心的。我们把当年的老师也请来了，有数学老师、物理老师、当时学校的团委书记。这些老师对我们这一批学生还是很肯定的，从公社中学走出去的学生能够在今天取得这样的发展和成绩，老师们感到很欣慰。

张　确实如此，您很不容易，恢复高考的第一届，考生人数是很多的。那个时代想走出小世界、走进大世界是需要决心的。上大学和当兵都是走出去的方式。

明　那个时代真的不容易。大家都很开心，教育又回到正轨了，特别是邓小平重新恢复工作以后，他把教育放在第一位，通过高考来选拔人才，这是一个很好的举措。考的人很多，大家都想抓住这个机遇，现在在各行各业起到重要作用的也是这一批人，包括我们国家的领导人李总理也是1977年、1978年高考恢复以后的第一批大学生。那个时候大家又重新认识"知识就是力量"的含义，能够考上大学，好好去读书成为栋梁之材，为社会做更大的贡献，成为当时很多人的追求。虽然李英杰受限于当时的情况没有去上大学，但是他也很尊重知识，很好学，后来工作以后也读了苏州中医药专科学校。

张　1977年之前积压了一大批考生，大家都在刚恢复高考的时候跃跃欲试，那个时候的高考是怎样一种情况？

明　那个时候考生年龄差距很大，年龄在35岁以下的都可以报考，所以我们那个时候大学同学里面相差十几岁的多得很。1977年12月份的时候实际上也有一次高考，但和1978年7月份的高考还不太一样。1977年12月份的高考恢复类似试点，那个时候我们也都参加考试了，但是没有考取，根本就没有基础，数理化更是基础差。两年的高中学习学的知识本来就少，大部分时间还在搞运动、贴大字报。那个时候老师都被红卫兵批斗得抬不起来头。现在想想这些，我们也挺内疚的，"文革"的时候年轻，也不是很懂，就是响应当时形势。

张 时代的局限性会或多或少地反映在每一个人身上。我对那个时代的了解都是通过一些文字、影像和口述的间接方式获得的。李英杰先生在部队时和您的通信内容，您还能回忆起来一些么？

明 具体的内容一下子回忆不起来了。印象中他很关心我读书的情况，我也总是鼓励他要好好当兵，都是为国家做贡献。主要的通信内容还是互相鼓励，因为是老同学，都希望彼此出去以后能有更好的发展。

张 李英杰作为非物质文化遗产的传承人，被誉为"中医药八大家之一"。他在和您同窗期间，有没有什么事令您印象深刻的？

明 那个时候听家里人说，李英杰父亲是六神丸制丸技术的传承者，里面的秘方也是国家的保密品种，所以说一方面觉得很神秘，一方面觉得很了不起。

张 他父亲李根生您见过么？

明 他父亲我没有见过，他的一个堂哥我见过。他父亲很少回家，而且那个时候我们住在不同的村子，农村交通不方便，家都比较远。从公社到大队再往下才到各自的村里面。

张 那李英杰的母亲呢？他有没有和您聊起过和母亲的相处？因为他和母亲的感情很深。

明 他聊起过。他是很孝顺的，读书期间也不容易，住的地方和上学的地方相距十几里地，不像现在的高中走读生每天可以回家。那时候农村车子也不多，一天只有一班车，有的时候放学赶不上就回不了家了。读书期间，一有机会他就会回去看看母亲，有的时候临时要回去赶不上车，就只能爬拖拉机。他为了回家经常爬拖拉机。有一次他想爬拖拉机回家，人家不让爬，结果从上面滚下来，摔了个大跤。那个年代读书是很不容易的，在农村读到高中毕业就更不容易了。

张 读书、生活中的不易之处您还有印象深刻的部分么？

明 首先是上学交通不便，那个时候苏州到南京，再转车到江宁县，李英杰的家是在江宁县下面的一个公社，到了淳化公社还要再到大队，最后到村庄。其次，农村那个时候是没有电和自来水的。晚上都是用煤油灯，用罩子罩起来，看书学习比较辛苦。水的话就从河里挑，我从十几岁就开始帮家里挑水。

张 也没有井水么？

明 没有井水，只有一条比较干净的河，水从河里挑回来，撒上明矾，把它消消毒，上面清的部分用来喝。读书的时候有蚊子，只好躲在帐子里点着煤油灯看书，都不容易的。李英杰的父亲回家一趟也不容易，过去坐火车从苏州到南京要近四个小时，从南京再坐汽车到家至少也要一个多小时，这样路上几乎要花一天的时间。

张 李英杰先生一直很喜欢唱歌、写作，单位里有小年轻开玩笑说他是"文艺小青年"，您听过他唱歌么？

明 他是经常要唱歌的。我在学校的时候听他唱过，都是清唱，那是很多年前的事了。现在年轻人流行的飙歌我倒是没有和李英杰一起去过。有一次他邀请我去，因为当天身体不太舒服我就没去。以后还是要约着，一起去飙飙歌。

张 他在部队的时候和您通信中有没有提起过他正在参与的一些文体活动？

明 那个时候他的来信中提到了很多，给我的整体印象是部队的活动很多，他都要参与一下。很可惜的是好多信件现在已经找不到了。

张 有没有哪些内容是记忆深刻的？

明 有一件事我印象比较深。那个时候流行穿军装，我上大学了以后也想有一套军装，我就跟他说："你能不能给我弄套军装？"他特别热心，很快就给我寄了一套绿色的军装，从衣服、裤子、鞋子到背包都有。我经常穿着那套军装，就觉得很神气。那个时候很羡慕当兵的，对军人也很尊重。我们是没有条件去部队，其实也是很想当兵的，所以我经常穿着那套军装去上学，背包也一并挎着。工作以后，也还是不舍得用别的包，背着那个黄军包。有一次约会时朋友说："你怎么跨了个黄军包来？！"那时候就总觉得这个很好看啊，挺有荣誉感的。我整体的感觉是，李英杰是很乐于帮助别人的。

张 那个时候的女孩子"不爱红装爱武装"。

明 女孩子很少穿裙子，穿军装是最神气的，所以我和李英杰在那一阶段交流还是比较多的。他在部队训练的情况都跟我说。

张 90年代的时候您就去美国学习工作了，在那里生活了有多少年？

明 我是1991年到美国的，到美国以后就攻读硕士学位，硕士毕业以后就在美国工作，在当地比较好的一所大学范德比尔特（Vanderbilt University）做研究，到1997年年底回国。

张 算是很长的一段海外研究经历了。90年代刚开始有出国热，当时您已经有家庭有小孩了，怎么想到在那个时候出国的？

明 对。那个时候我很想继续深造，因为看到大家都在读研究生。另一方面也想看看外面的世界，想去当时科技比较发达的国家学习，所以就选择了美国。当时的专业是免疫学，主要从事T细胞对机体的细菌、病毒免疫应答方面的研究。后来工作也是做免疫学方面的研究。

张 您确实是很有理想很要求进步的，这一点和李英杰先生也很像。那个时候备考有没有觉得哪一部分特别困难？

明 那是很辛苦的。那个时候出国读书首先要过语言关，要考托福，每天都要看书看到凌晨三点钟，给自己规定，不看到三点钟不休息。那段时间很辛苦，已经有孩子了，孩子两岁。白天送完孩子去幼儿园自己去上班，下了班把孩子接回来再烧好晚饭，吃了以后要给孩子讲几个故事，把他哄睡着。九点钟以后才开始复习托福，有很多历年考试的卷子要做，真题、模拟题，要做到两三点钟。每天这样循环往复。到最后考试的时候考得还不错，达到了很多学校入学的标准。但托福只是语言关，在美国申请研究生入学还要考GRE。考还是不考，当时觉得很难，也犹豫过，毕竟有孩子有家庭。但同时也有通过考试的同学鼓励说："你再努力一下试试看，你的英语也蛮好的。"在他们的鼓励下，我也就再试试看。考了以后，虽然分数不是很高，但也能达到一些中上等高校的要求。

张 GRE和托福都考出来以后您就可以申请学校了。

明 对，当时接下来就联系学校，可我联系了几十所学校，都杳无音讯。李英杰那时候也鼓励我再试试，后来是我们一位已经在美国读书的同学帮我从国内带了封信过去，是在美国投递的。在那边发的那封信就被录取了，是一所中等水平的学校，但对我来说也是很不容易了。美国学校也很看重有朋友帮助，就像推荐信一样。我是1990年开始准备的，到1991年下半年拿到录取通知书。

张 从备考到申请学校到申请签证，整个一套流程全靠自己摸索？

明 那时候没有网络，连信息都很难找，申请学校的时候找什么学校都不知道。跑到图书馆去查，查各种关于国外学校的资料性介绍，通过这样翻资料的方式去查找适合自己的学校，很不方便。发给很多学校的申请都石沉大海。还有就是申请签证，申请签证最好是有奖学金，我没有奖学金，一般来说没有奖学金不给签证，除非有担保。于是我就去找担保，所以说一步一步都不容易。

张 有没有迟疑过？

明 当时申请签证的时候，很多人都说："你肯定申请不到，你连奖学金都没有，虽然你前面的关都过了，但是签证你拿不到。"但我想走到这一步了我肯定要试一试，总归去签一次。申请签证的时候是运气比较好，快过圣诞节了，可能是和节日有关系，那天签了很多人，他们说是签证官那天心情好。快圣诞节了，大家都开心，拒签的就很少。一般情况下没有奖学金的很多都会被拒签，那天却有好多人通过了。

张 美国的签证一直是比较难拿的。每一个关卡都不能出问题。到了美国以后顺利么？

明 到了美国以后也不容易。但学校的老师们都很帮忙，像我的导师，还有一些国际学生的顾问，他们对中国同学确实都很热心。那个时候中国学生少，读书都很努力，他们很欢迎。图书馆、教室里努力学习的中国人很多。有些美国学生去Party（聚会）的时候，很多中国学生都在做实验、读书。国际学生的顾问很帮忙，我去了以后向他说明没有奖学金的情况，说生活费需要自己挣，他就在学生食堂给我安排了一份工作，负责为来食堂吃饭的学生们打饭，每天做四个小时，叫作校内工作，这个是美国允许的。这样一来房租、生活费就解决了。所以说都不容易，就是靠打工把这两年多的日子度过去。因为学习好，到第二个学期学校就把我的学费免除了，算是半奖了，那个时候美国高校对中国学生还是比较照顾的。

张 那段在国外忙碌的日子，跟国内家人朋友、跟李英杰先生的联系估计都变少了吧？

明 那个时候通信需要很长时间，打电话也是很贵很贵的，不像现在打电话很便宜。在中国打美国的电话几乎是不可能的。主要是因为工资低，一个月的收入也就两三百元，打一个电话可能就要花掉几十块，很贵。也没有网络，有的人家里甚至连电话也没装，所以说那时候基本上就没有办法联系。直到我回国以后到苏州大学工作了，才和家人朋友久别重逢。那时候我知道李英杰在雷允上，他不知道我在苏州。他以为我在南京或者还在美国。后来联系上以后大家都很开心，他热心地要请我吃饭，我说"我请你吃饭，老同学"。

张 很巧妙的缘分，两个在南京的老同学同时来苏州定居了。这样一来，您和李英杰先生之间的联系就更紧密了?

明 确实是联系更紧密了。而且因为专业也相似,联系就更频繁了。

张 您的研究在免疫学、中医药方面都有涉及,这样跟李英杰先生工作上的交叉就变多了。您二位之间在专业方面的切磋多么?

明 我们在一起聚会都要谈到中医药发展,哈哈哈。喜欢一块讨论一方面是因为专业,一方面也是因为我们俩都关心中医药的传承,包括雷允上品牌的发展,这样一来就谈得非常多。我认为中医药是几千年中华传统文化不可或缺的一部分,它也是中药在中国临床应用和实践的结晶,是中华文明的瑰宝,更是广大人民智慧的结晶。中医药是整体的、全面的、辨证施治的方法,它与西药局部的、有条件控制的、试管中的结果不同,它不是用仪器测量出来的。

张 您怎么看西医目前大量使用的通过数值诊断病症?

明 我觉得首先要明确的一点是中西医的体系不同。有的时候仅仅从西医的角度理解,容易产生一种误区。西医讲究局部施治,用仪器和实验的测量方法来论证可行性。仪器可以说是人体器官的延伸,比如说肉眼看不到的微观世界,可以通过仪器来看。仪器看到的东西一定是科学的么?所以过分地依赖仪器和实验的手段也容易走进误区。而中医药讲究全面的观点,用辨证施治的方法,从系统整体间的相互作用,从全面的角度分析。

张 您在美国从事免疫学研究多年,用的也是西医的理论和方法,为什么这样信任中医?因为我们知道,很多中西医之间是水火不相容的,常常要争得面红耳赤或者彼此老死不相往来。

明 我不主张这样绝对的方式。正因为中国有几千年文化的传承,有几千年的积累,才可能产生中医药文化。不能简单地以西医的理论方法去论证中医,然后得出结论说中医是不科学的。我认为中医是科学的,只是我们现在科学的手段没有达到能够阐述它道理的阶段。做不到的事,更不能武断地说它不科学,这样就片面了。中医在临床几千年的实践当中检验了有效性,那么这已经可以说明问题。对于医学来说,关键是要能够治好病,而不是说数字有多么漂亮。我们也在尝试用现代的药理学阐释中医的药理机制,一步步、一点点地阐释其药理机制。

张 您怎么看一些疗效神奇的中药,比如六神丸作为抗生素被称作"神奇的小药丸"?

明 西药是单味的,只有一个靶点。中药是多味的,是多靶点的,具有多环节、多靶点、多成分的特点，要想阐释清楚中药的原理就要从其特点出发。中药和西药是两套系统，我们不能走进一个误区。我认为在中国，中医药要挖掘、要传承、要发扬，不能够废弃。中医药是中国乃至世界的重要财富，比如说针灸和穴位，用很多现代技术都把握不准，但我们的老祖宗用他们的智慧，能够将经络图精密地画出来，而且用实践证明针灸的疗效是非常好的。这样的文化财富应该要继承和发扬光大。雷允上是中华老字号，存在了近三百年。在中国，随着民间药铺的发展壮大，中医药也更大范围地普及开来。雷允上六神丸的效果是举世公认的，副作用也很小，它的配方很多国家想得到，但即便能够知道六味成分，它的配比、它的炮制顺序都无法获知，而这些对于中药来说是至关重要的。这些类似的无形资产是雷允上品牌的亮点，更是我们中医药文化中的宝贝。

张 无形资产这个说法很贴切，对老字号的保护就是要有这种急迫感。

明 雷允上的很多无形资产是非常宝贵的。日本人曾将六神丸改造成为强心药物，用来抗击心脏病，在市场上销得非常好。但在注重包装和营销的时代，可能雷允上有些方面还需要调整。借助雷允上的老字号品牌能够很好地推广中医药文化，这种保护和传承意识我认为是很重要的。我和李英杰经常讨论这些，特别是雷允上现在面临的激烈市场竞争令我们很着急，大家都不想看到它的品牌价值下跌。我很关心和注重中药老字号的发展，我总是对李英杰说："你们要把品牌文化保护好，这样一个老字号的品牌，在品牌价值日益重要的时代，你们不能够原地踏步，应该要想办法再进步。"李英杰也很着急，有时候会说："我是着急，但我一个人说了不算。"现在，雷允上股份分配的方案究竟是怎样，我这个外人不是很清楚，但我还是希望雷允上的品牌能够越做越好，能够推向世界。国家在宣传方面也要支持这些中药老字号。

张 您在培养大学生的时候，会有意识地和学生们讲中医药传承方面的知识吗？

明 我上中药药理课的时候总是和学生们讲："你们要有信心，要相信中医药，虽然有一些中药药理目前讲不清楚，但一定要相信中医药的发扬传承是一件功在千秋利在万代的事情。"接着我就要讲到中药对道地药材的追求和它多靶点的特点。所以说在研究中药的时候要注意其体系的特殊性，不能因为西方局部的实验法就轻易否认和放弃研究中药。中药当中可能有一些不适应现代科学的部分，那么我们在研究的过程中可以挑选出来剔除掉，但是绝对不能一棒子打死。退一步讲，中药文化，我们中国人自己不去传承，难道要别人去传承么？不可能，所以我们好的东西要坚守下去。

张 日本、韩国对汉方药其实还是挺认可的,您认为我们中国有没有要借鉴的地方?

明 日本人对中国的中医药很认可。他们经常将中国的中医药知识、配方学了去,变成他们自己的知识资产,变成所谓的汉方药。其实很多时候,包括日本在内的一些国家一面在质疑中医药的科学性,一面又在拼命研究。所以我们更不能自废武功,更要充分认识到它的重要性。今年(2017年)国家出台了《中华人民共和国中医药法》,为的就是要继承和弘扬中医药,保障和促进中医药事业发展。同时国家也鼓励中西医之间互相学习,互相补充,协调发展,发挥各自的优势,促进中西医结合。我和李英杰聊起《中医药法》中对师承教育的支持时,都很兴奋,觉得中医药发展后继有力了。

张 正是如此,《中医药法》中特别提到国家支持"中药专业技术人员在执业、业务活动中带徒授业",这不正是雷允上两百多年来一直在做的事么!感谢明教授接受我的采访。

明 很荣幸能为中华医药文化的传承提供一点点资料性的内容。

纪敏[1]：他就是最合适的形象代言人

张 纪主任您好，感谢您接受我们的采访。您和李英杰先生是同事，在工作上的交集也比较多。我们今天想通过采访您，更加立体全面地了解李英杰先生。您平时在工作中哪个环节和李英杰先生的沟通最多？

纪 我跟李英杰老师在工作上的来往比较多，像涉及一些品牌和宣传方面的工作，我会邀请李英杰老师出席一些活动或者是参加一些会议。当然，我们一起去参加会议的途中，我对李老师的了解会逐步增加，出差过程中的交流其实是私下里加深对他了解的一个途径。

张 您对李英杰先生是什么印象和感觉？

纪 几年相处下来，我对他的感觉就是：第一很平易近人，有一种父辈的感觉。他会跟我讲一些他当兵时候的经历，讲他老家的一些事，讲雷允上的历史，尤其是他进入雷允上前后的这段历史。我更多的感觉是李总没什么架子。这一点我相信凡是跟他有过比较密切接触的朋友、同事都有这种感觉。第二个就是他这个人纪律性特别强。李老师的办公室跟我是斜对过，就我所见的两年多的这段时间，他没有一天迟到过。像李老师这种老一辈的人的工作习惯是雷打不动的，都是要早早地到公司里面。此外，我每次进他办公室，他那里都非常整洁，所有的东西都码得很有条理，包括他穿的鞋子和衣服。我甚至看到过他有一个备用的小鞋刷就放在办公室里。如果要参加一些重要的、正式的场合的话，他就会把自己收拾一下，因为他毕竟是我们企业的形象代言人。当然我们也会半开玩笑地提醒他，比如说

---

[1] 纪敏：雷允上药业集团品牌部经理。李英杰作为雷允上药业集团新闻发言人、形象代言人，经常与纪敏女士负责的品牌部有工作往来。

"李老师，我们过几天有个什么会议，你要先理个发啊"。他就会笑着回答："嗯，那你要提醒我啊。"

张 就是说他很欣然地接受自己作为形象代言人的角色。您觉得他常年保持的这种习惯，跟他当过兵是不是也有关系？

纪 对，我认为有很大关系。他自己也和我们聊起过，军队的生活磨炼了他的意志。他对自己的要求比较严格。对于他这种级别的人来说，应该说是到了一种比较自由的阶段，但是他仍然对自己的要求很高，保持着他一贯的作风。这其实还是蛮震撼到我的，值得我们晚辈学习。另外，李总人一贯和气，每天早晨，我们看到李总都会跟他打招呼，他也会微笑着跟我们每一个人打招呼、点头。

张 出差的时候可以说是最亲密和私人化的相处了。那么在出差的过程中，有没有遇到过一些突发情况需要处理，比如说需要找路之类的事？李英杰先生是比较主动的那种还是比较淡定的那种？

纪 李总首先是步子特别快，我们跟他出差常常是跟不上的，他大步流星地往前迈。但我跟他出去，考虑到年龄的问题，我都会帮他先规划好。但在路上，他还是会提前问我一些情况，比如说快要到站的时候，他要先提前摸个底，然后就是我带着他走。另外，我如果遇到迷路或者找不到地方的时候，他也会主动地上前去问人。有一次我就发现找不到他了，原来他在前面已经问好了路，很淡定地在等我。

张 也就是说他要做到心中有数。虽然由您来规划整体的一趟行程，但是行程当中肯定会有一些变动。当意外发生的时候，他还是很愿意去主动解决的。您有没有觉得他问路时会感到不好意思？

纪 没有，没有。而且我跟他出差过几次以后，他对我很放心，他就知道我会给他安排得妥妥的。

张 确实如此，我对李总的采访也有五次了，我就感觉他计划性很强，凡事都做到心中有数，就是那种老一辈人非常严谨的作风。这种作风很好，让人感觉很踏实。

纪 现在我们年轻人遇到事情打个电话就说清楚了，但他不是的。比如说他要出去参加一些活动、工作的话，他会要求你把一些工作的安排写给他，发邮件给他当然也可以。时间、地点、什么人、什么事要说清楚。假如在这些活动中要有一些发言、演说或者配合的事情，他都要你标注清楚，而且他会自己事先过一遍。

张 所以跟不同年龄段的人打交道的时候,方式是要有所区别的。我们这个项目刚启动的时候,我是带着介绍信来跟李总对接的。

纪 对,这种正规的方式就更利于展开工作。

张 您跟他一起出差的频率高么?主要去哪些地区?

纪 两年多的时间,比较远途的出差有五六回了,近距离的出差就更多了。去得最多的是北京,主要是参加会议。其次是南京,也就是李总的老家。每次出差都要两三天。本地的出差就更多了,常常一起参加会议,相处得就比较多了。

张 根据您的观察,李总在饮食上有什么偏好和习惯么?

纪 他是一个到点吃饭的人,按时吃饭。如果是在火车上,那就是有什么就吃什么,吃便当也没有关系。不像年轻人,可能会挨一两个小时,等下了车再吃点别的。虽然李总上车前也会买点零食,但他是买给我们的,哈哈哈。

张 他好细心哎,还会买零食给你。

纪 他怕我不吃车上的便当。因为有一次我们一起出差,我没有吃车上的简餐,他也不知道我是因为什么原因,是不爱吃啊,还是减肥啊,李总搞不清。但是他注意到我没吃,所以后来出差他就买零食带上。

张 真的是好温暖。

纪 不仅如此,我们部门邀请他参加的活动,李总后来还要把费用结算给我。那我哪里肯,因为毕竟是我邀请的李总。公司现在部门费用支取划分上要求是很严格的,但是李总从来不计小利,为人很慷慨。

张 所以说有时我们对一个人尊重不是挂在嘴上就能做到的,而是他的行为方式、所作所为让人感到值得尊敬。

纪 有时候出差不是很忙的时候,不是会晚起一会儿嘛,李总从来都是等着我们,都是他叫我们起床,吃早饭也是他等我们。他的生活非常规律,有时出差,晚上我们邀请他出去逛一逛,但他还是会按时睡觉,遵从他的作息规律。

张 您之前提到过,李总有时聊得兴致勃勃的时候,会说起他以前当兵时候的事儿,哪种情况下他的话匣子更容易打开?

纪 主要是聊到他的生活习惯和个人特点的时候吧。他是从部队生活锻炼过来的,很多习惯和作风一直保留到现在,比如李总的发型一直是比较短的,类似军人的"寸头"。李总还是一个挺节省的人,朴实又简洁。当时《本草中国》纪录片团队来拍李总的时候,导演过来跟我说,能不能帮李英杰先生租一些有民族特色的服装以配合拍摄。哦，对了，导演叫张英杰，跟李总差一个姓。当时张导和我们联系安排的拍摄时间挺急的。我们一开始准备给李总定做，但定做一般最少需要10天吧，而当时肯定是来不及了。我们就想，要不然到影楼租一套。租回来以后导演不太满意，李总自己也不太满意。第一个是尺寸上不合适，有点勒，有点紧。第二个是颜色。我们当时租的时候考虑到上镜要比较提色，就租了一套淡黄色底配金丝线的服装，看起来很复古，也挺富贵传统的。但是导演提出来说，《本草中国》是从传统的老药工的角度讲述中医药的故事，希望朴实一些，不希望穿唐装那种风格的，最好以白、灰、藏青色的布褂子、亚麻材质的衣服为主。后来，我们就按照张导的这个基调去给李总准备。我们也跟董事长汇报了一下，董事长当时和我们交代说："你们一定要给他弄套好的。一定要把我们的形象代言人装扮好。"后来我们把这番话转达给李总，李总说不要，千万不要太破费，而且反复几次地和我们这样说。后来我们找了好多地方，但就是找不到那种类型的。为了保证能够赶上拍摄日期，我们就在网上搜，结果选中的那套衣服才一两百块钱，很便宜的。我们开始还有点担心，毕竟是太便宜了，去财务报销的时候我们都不太好意思。财务问买给谁的，我们说是买给李总的。财务说："啊？买这么便宜的！"我们说，这衣服就这么便宜，没买到特别贵的，我们也没办法，哈哈哈。后来拿给李总的时候我们也挺不好意思的，就跟他实话实说。可李总一点都不介意，他说挺好挺舒服的。我们宣传部同事怪不好意思的，李总忙前忙后地协助拍摄，牺牲了许多休息时间，我们宣传部给买套出镜的衣服，还挑这么便宜的。后来又有一次，我们去北京参加一个公益活动，是一个年度的公益品牌奖项颁奖，我们就去帮李总张罗行头。

张　那这个要露脸的，是正式场合，跟拍摄追求的影像效果就不一样了，还是要正式一些的。

纪　我们当时也是这样想的，就去商场左一挑右一挑。李总还是坚持货比三家，跑了好几个商家，而且还是对我说不要太破费，不要买太贵的。当然这一件比之前拍摄的那件贵多了。买拍摄服装也好，置办行头也好，花的都是企业的钱，但是李总并不在意这些小利小惠。我拔高一些、上升一些说，李总是为人格局大，并不只是单纯的节俭。

张　我每次采访李总的时候，他的衣着都很整洁。我常常想，李总应该不只是自己勤快，还应该有一位很勤劳的太太。

纪　他太太确实是位贤内助，也是位美人，但是李总挺低调的，很少带着夫人抛头露面。李总和他太太之间，有一个细节我是注意到的。李总加班时，他太太会在单位等他。有一次我加班快结束的时候，还听到李总唱歌。他应该是一时兴起，歌声很动听。因为当时已经下班了，所以应该没什么人听到。

张 那李总有没有在一些内部公开场合展示过他的歌喉，比如公司年会之类？

纪 我们公司还是挺传统的，在年会上基本就是各个部门出节目，领导们大多也就是上去颁个奖、抽个奖之类的，没有请领导表演。我们高管中多才多艺的人挺多，有书法写得很好的，歌唱得很好的，羽毛球打得很好的，可能是因为国企的原因吧，在年会上普通员工和高管的互动尺度也非常有限。

张 日常生活中的李总是平易近人的，那么作为新闻发言人的时候，他是怎样一种面貌？

纪 李总作为形象代言人发言的时候，肯定是字字珠玑、比较谨慎的。

张 他一般发言的时候是不是要有发言稿？您觉得他身上哪些特质最符合新闻发言人和企业形象代言人的身份？

纪 这个是要做充分的准备的。但李总更多的时候是作为企业形象代言人出场，以新闻发言人出面的机会不多，通常是企业有了负面的新闻之后，才会由新闻发言人出面澄清。不过这方面雷允上一直做得挺好的，所以李总出面的机会就比较少。其他情况下，重要的采访场合我们都会请李总去的。我们以前还说要给他准备一些PPT的材料，后来发现他也不需要的，李总还是很能说的。我们公司的严总（严燕青）跟他是多年的好友了，有时会开玩笑地说："我们李总最适合当新闻发言人了。为什么呢？一方面，因为他声音洪亮，他是军人出身嘛。他说的话大家都要听的。另一方面呢，声音洪亮会盖过别人的声音，一些质疑的声音啊，他都可以装作听不见。他会有选择性地听，别人在后面嘀咕的，他听不见。"虽然是玩笑话，但确实符合新闻发言人的这种特质。有的时候，对于质疑的声音就是要通过自己独特的方式来告诉对方答案。

张 声音洪亮、音色纯正，这个我们是体会得比较深刻的，李总在部队的时候就喜欢唱歌。另外，说到新闻发言人的特质，李总那种凡事喜欢做到胸中有数的性格也是新闻发言人的一条必备素质。他做了多长时间的新闻发言人了？

纪 李总担任企业新闻发言人是在我加盟雷允上之前，在那之前远大集团就有文件，指定李总为新闻发言人。像刚才咱们提到的，本来以他的年龄，可以退居二线了，可以享享清福了，但是他其实很忙。他有时也会有一点小小的抱怨，会说："你们把我的行程安排得太满了，我事情太多了。"所以他自己的私事常常是顾不上的。

张 对，幸好李总得了一位贤内助，他太太是苏州本地人，对家庭照顾得比较多。他自己也说，他本来不想管药材采购这一块的，您这边宣传是一块，他还有工会党委那一块的工作。

纪 中央组织部过来考察，也是要他来接待陪同的。

张 所以他其实比没有退居二线的人还要忙。他在采访中也和我们聊到说，他闲暇的时间也不是特别多，回去就只有晚上偶尔能散个步、看会儿电视。

纪 因为单单是药材采购这一块已经是够忙的了。实地考察、四处奔波是避免不了的。最近一段时间，李总跑过甘肃、跑过四川。之前跑四川的时候，还遇上了汶川地震，他和你说过那次的惊心动魄么？

张 没有。那次具体是怎么回事？

纪 2008年，他跟我们严总一起去考察的时候，遇到泥石流，差点被石头砸到回不来。因为有很多药材，特别是像麝，都长在山区的环境里面，所以采购药材经常要翻山越岭。山的阳面和阴面是完全不一样的天气，有时候遇到恶劣天气，就很危险。

张 这称得上是为工作奋不顾身了。他还做着药材的把关工作，这一类工作也是要得罪人的，不太好开展。

纪 所以我们严总才会开玩笑地说，李总嗓门大，又听不到别人的声音，得罪人的事也装作不知道啦。他工作中也确实需要这样的一种处理办法。

张 李总有没有和您讲起过一些令他费心的事？

纪 虽然一心扑在工作上，但他也会像所有的父母一样，有着天下父母一样的烦恼。有一段时间李总就操心女儿的姻缘，还会托同事帮忙介绍。李总的女儿我见过几次，挺漂亮，个子高高的，很有江南美女的风韵。

张 是的。李总的女儿和我年纪差不多，现在也是在孕期中。我在采访中了解到，李总对他的女婿十分满意。之前缘分没到的时候，大家总觉得这样也不行，那样也不行。后来他女儿认识了这位清华大学的博士后以后，什么都显得水到渠成了。

纪 所以说，缘分的事儿真的是很奇妙的。

张 李总的女儿是去年从雷允上连锁店调到六神丸班组的？

纪 是的。一开始的时候，李总的女儿在雷允上下面的连锁店做行政类工作。虽然李总自己是六神丸的指定传承人，但他很尊重女儿的意愿，一开始没有让她到六神丸班组来。后来女儿自己认定了这条路，李总才点头表态。所以能看出来，他对女儿的教育是围绕着尊重、民主和引导展开的。

张　除了宝贝女儿，李总在南京老家还有两个哥哥、两个姐姐。关于老家的事儿，他有没有和您聊起过什么故事？

纪　聊过一些片段，不多。从李总聊起的老家生活和姊妹兄弟之间相处的事儿，我能感觉出他们很融洽，生活得很好。这也侧面反映出李总人缘很好，应该说他是一个很和善的人。

张　您是怎么感觉到他们生活得很好很融洽的？

纪　为什么说能够看出来他家庭关系很好？因为他离开家乡很久了，很小就出来了，但是他的哥哥姐姐啊，他的祖宅啊都还在江宁。最近一次祖宅要搬迁，他哥哥姐姐都是及时通知他，然后帮他留了他应该得到的部分，并没有因为李总很早就离开那个地方就存在什么争执。所以李总也跟我说，说他们兄弟姐妹感情非常好。

张　原来是这样。在李总的描述中，母亲的言传身教对兄弟姐妹产生了很大影响。她的母亲是一位非常朴实、贤淑、勤恳、善良、传统的女性。李总和母亲的感情是很深的。受到母亲的影响，整个家庭的氛围都很温和、融洽。母亲和父亲之间，用李总自己的话说，从未红过脸、吵过架，这是非常少见的。这种父母感情也会影响到家庭的氛围。

纪　确实是这样，李总跟家人、跟同事、跟朋友之间的关系都很好。公司上下对他的评价就是"老好人"。

张　所以他非常符合形象代言人的角色——家庭美满、工作踏实、群众基础好。这样一位"老好人"，在闲谈的时候会不会跟您聊起他在雷允上工作这么多年，遇到过的一些不平事？

纪　还真有一次事件令他义愤填膺的。一次省台里面的一位记者对我们雷允上产品质量产生怀疑。这个很正常嘛，既然有人质疑质量，那企业就想着请一位负责质量的经理来回应记者。我们的那位负责质量的经理说得比较仔细。他是本着把事情讲清楚的原则，把细节和在一定条件下有可能发生的情况都说得很仔细。结果那位记者直接从他的一大段话中截取了一段，断章取义。当时那位经理是说，假如怎样怎样，有可能发生怎样的情况，在每一个环节中有可能会发生一些什么情况。记者就以偏概全地作为新闻卖点传播了。后来我们去找这位记者，想阐清一些状况的时候，也很困难，毕竟新闻已经发出去一轮了，再想反转挺难的。李总之所以为雷允上忿忿不平，是因为他对我们雷允上的药材、制药的工艺，其实是非常有自信的。他本人对药材的研究也很多，专业知识很全面，不仅是对每一味药材的疗效很清楚，对药材在不同场合下的使用搭配也有很深的研究。

张 我能感觉到他很爱这个专业，因为他也会很兴奋地跟我们提起他以前学习中医药的经历。他是一个干一行、钻一行的人，实际上他在自己的专业领域也找到了自己的归属。他不局限于知道表象，还要了解表象背后的来龙去脉。这个其实跟李总的性格是紧密相关的。在采访中，他的言语之间都表达出对雷允上的热爱，也许是因为他一辈子都倾注在这儿。那另一方面，他有没有跟您聊起过他人生的一些遗憾呢？

纪 你要是问有没有遗憾呢，我想也会有。我曾经看过一部纪录片，当时那部纪录片中也是在讲一位指定传承人。那位传承人在纪录片里说到，如果他不在这里做这个，也许他的人生会是不同的。他的朋友啊，都当了官儿了，发了财了，或者是继续深造了。我想这些传承人可能都是一样的心理吧。就像咱们李总，他比较支持女儿继续深造，也许是觉得自己在这方面是有遗憾的。因为要服从这样的工作安排，也就舍弃了自己的很多想法和追求，也不能说人生就完全无憾。

张 人在选择某一条路的时候，总会看到其他路上的闪光点。所有人的人生其实都是这样的，在有限的精力范围内在一条主线上发展。感谢纪主任接受我的访谈，我们就聊到这儿。

陈燕[①]：他严谨的作风一直感染我

张 陈经理，首先非常荣幸能够采访到您。您是李英杰先生郑重推荐给我的。李总一共推荐了四个人，其中和您有关系的是严总和纪主任。我们刚刚采访过严总，他是李英杰先生的老搭档了，相识多年。您和李英杰先生是在什么时候认识的？

陈 我跟李总是在1999年认识的。那时候我刚刚从学校毕业，算下来到现在应该已有18年了。

张 回顾这18年的共事，您最先想到的是哪几件事儿？或者想到哪几个关键词？

陈 我们习惯称呼他为李总。其实李总他社会地位还是蛮高的，因为他有自己独门的技艺，还有他的为人，各方面都能够得到大家的认可，在社会上的评价也很高。荣誉多得很，像"全国中医系统劳动模范""姑苏技能大奖""江苏省医药系统先进工作者"等等，因为我跟他一直是比较近距离的接触，就感觉可以用很多词来形容他。首先我想到的就是他比较接地气。你看他都是"非遗"传承人了，经常参加各种活动，但是跟我们相处时没有什么架子。另外，他也是个乐观幽默的人，经常跟我们开开玩笑。他对待工作却是极其认真严谨的。你看我们做出来的六神丸，1 000粒丸重3.125克，每粒都很均匀。如果没有这么认真严谨的态度去对待的话，肯定做不出来。李总严谨的态度决定了他做出来的活儿都很精细，这个在我们雷允上是首屈一指的。后来他做管理工作以后也非常严谨认真，对我们下属的要求也一贯严格。这个时候李总就不是"好讲话"的了，他对事不对人，只要是有关工作的，在他眼里都是头等大事。在工作之外，他又是一个蛮有文艺范儿的人。我们一直跟他开玩笑，说他是一个文艺青年，当然现在已经是"文艺中年"了。他

[①] 陈燕：雷允上药业集团生产办公室副经理，李英杰早年担任车间主任时的同事。

唱歌也唱得蛮不错的。我们工作的时候都比较忙、比较累,有时候中午刚刚吃好饭,就听到他从楼梯间唱着歌上来了。那声音有穿透力,挺好听的。

张　他说他喜欢唱高音的歌,是这样么?

陈　他唱得特别好的就是那种革命歌曲,比如红歌。现在他有时候也唱一些流行歌曲。这完全是两种风格。在我们这些后辈的强烈要求下,他也会给我们看他年轻的时候写的那些诗、文章,挺有历史感的,看着他的小文就好像回到了那个年代。

张　他说以前在部队的时候会把这些诗和小文投到部队的内刊上面去。

陈　他蛮以当兵为荣的。大家聊得起劲的时候,他还会跟我们聊一些以前当兵的时候部队里发生的事情。在我看来,他是一个硬朗的军人,性格里也有股子硬气。就是说他很严谨、很认真,既有点浪漫情怀,又有点军人的那种气概和血性。

张　所以,接地气、严谨、认真、浪漫,这是您给他的一些关键词。

陈　我觉得他还具备军人的气概。李总身上兼有铁骨和柔情。

张　这个跟我们对他一贯的认识也比较相符。刚开始他一直跟我们开玩笑,说你们单位有人说他"挺文艺",原来说的就是您。

陈　他还喜欢打篮球,也参加过比赛。我们公司里面会组织篮球比赛。

张　公司里的篮球比赛他也参加过?

陈　嗯,我记得是前几年吧。他可喜欢运动了,对很多活动充满热情,这股热情的感染力很强。

张　所以即便是被外界称为中医药大家,顶着很多光环,但是在跟同事们在一起的时候,包括跟我们摄制组交流,他都是很随和、很亲近的。他一直比较忙,我觉得他事务性的工作也很多,他现在有很多职务?

陈　对,他在现在的采购中心任职总监,又是我们集团的党委副书记、党总支副书记,还担任工会主席,还有一个传人的身份。他本身有比较多的活动,比如讲课,他有时会通过讲课传授一些自身经验。所以他确实是很忙很忙的。

张　李英杰先生已经快要到退二线的年纪了,但是他还是有很多的工作要处理。

陈　对,一个人干几个人的活。

张　您和他在工作中有没有直接的交集?比如说在一个车间里面工作过?

陈　没有跟他在一个车间工作过,但是我们同是在生产部的。

张　最早生产部是在阊门一带吧?

陈　是的，在阊门。

张　阊门厂区当时是什么样子？

陈　那时候我们在阊门那边有三栋车间楼，一栋楼是一个车间，然后办公楼是另外一栋楼。

张　那三栋车间楼，是您和李英杰先生当时工作的地点吗？

陈　不是。因为刚工作都是从技术部门干起，我刚工作的时候是作为生产部门的一个技术员，他那时就是六神丸微丸车间的车间主任。然后我来了以后没多久，大概一年左右，他因为工作表现比较好，被公司认可，就荣升为生产部经理了。我后来也从技术岗位开始慢慢走上管理岗位，是李总和其他前辈们慢慢提携上来的。

张　亦师亦友的关系吗？

陈　确实是。他是党总支副书记，我是第一党支部的支部书记、工会分工会主席，所以我们有很多工作上的交集。有时候遇到工作上事情多，我还想抱怨抱怨，因为根本来不及做，加班也要好几个钟头才能干完。但回过头来一看，李总不也是这样嘛，他不是也还在干着嘛，他还是前辈呢，我有什么好抱怨的！就好像有个表率在前面一样，于是自己也就坚持下来了。

张　对，这其实就是我刚才想说的，您与他有这种潜在的，可能连自己也没有意识到的一些共同点。这么多年，您在雷允上可能还有许多别的机会，比如说去别的岗位或单位，但是您都没有离开。

陈　因为这么多年了，我们对企业肯定是很有感情的。有的时候我们在内部可能还会抱怨一下，但出去要是听到谁说对雷允上印象不好，是恨不得要跟人家拼命的。有的时候我们管理上确实不是十全十美的，也会有一些疏漏，也会有一些不满意的地方，但是肯定坚决不让外面的人说我们雷允上有什么不好。毕竟我们的药绝对是好的，我们确实有这个自信。

张　所以说，这次文化抢救的项目我为什么一定要选老字号雷允上，就是因为雷允上的道地药材和诚信坚守。在时代的冲击下，能够坚持老匠人的原则，坚持古法炮制是非常不容易的。当时做项目的时候，也有其他一些采访对象，像华润龄老先生、阮长耿院士等人。我当时看到这些名字当中李英杰先生是最年轻的，因为他是六零后，1960年出生的，这么年轻，我就很好奇。另一方面，因为我从小就接触到雷允上的明星产品六神丸，4岁左右的时候吃了4粒，非常管用，当时已经记事了，我印象很深。在我每次嗓子发炎，很痛苦的时候，六神丸都展现了它药到病除的神力，所以我对六神丸是很有感情的。在我们做"非遗"的抢救工作时，我就认为一定要选雷允上，因为我觉得它的产品真的有效。我服用六神丸的时候，还都是天然麝香。天然麝香是限购的，当时凭独生子女证可以买一些，只要嗓子痛，一吃就非常管用。所以您说的坚持做好药，坚持抓生产，是六神丸的立身之本。您在雷允上工作了近二十年了，有没有觉得这样的一个老字号品牌在今天可能也面临着一些问题？

陈 这是肯定的，因为钱都用在道地药材上了，成本相对高，利润空间又不可能十分大，就没有多余的钱扩大发展或者说宣传影响。

张 因为您是生产部门的负责人，所以我才会向您问起目前中药材市场对药材把控的问题。

陈 对。因为现在药材市场上鱼目混珠，你想买好的东西肯定价格就贵，那么成本就会高，但如果跟人家低价竞争，那我们肯定是完全没有优势的。所以我们还是做自己的品牌。实践证明，这样的坚持确实是有效的，是能够取得市场上的认可的。实际上，我们为什么这么自信，也正是因为我们跟这些产品走得很近，我们在生产部门每天看着它们是怎么出来的。如果只是听人家说或者看广告，可能被迷惑，但是雷允上很少打广告，都是用真材实料和效果征服群众的。

张 在这一点上，您跟李英杰先生一样，都展现出满满的自信，自豪感特别强。

陈 哈哈，是吧，这是我们的底气。

张 他一谈到雷允上产品的时候就开始兴奋，话多起来，因为他有一种满满的自信。他是从生产部门上来的，跟您一样，在生产部门看着这些产品怎么样一点点地从无到有。

陈 对，我们雷允上的东西可以说是"不苟且"。

张 这么多年来，李英杰先生是一步步脚踏实地走上来的，他不是一下子空降的，每一个岗位基本上都干过。您觉得他能够走到今天这一步，凭借的是哪些人格魅力呢？有没有可以供年轻人借鉴的？

陈 我还记得我工作了一年多的时候，也就是李总升任生产部经理前，发生了这么一件事。当时的总经理就已经非常注重人才了，有一次正好他在大声聊天，聊的时候就提到准备提拔李英杰为生产部经理。因为我那时候跟李总接触不是很多，当时我心里还在想为什么会升他而不是别人，毕竟他不是大学生。后来总经理宣布任命的时候，跟我们大伙儿说，李英杰身上有些品质是别人没有办法打造的，一个是他工作时的认真严谨到了一种较真儿的地步，另外就是他的管理能力。我当时也没有什么体会，因为以前还是有点论资排辈的，我觉得他虽然当时年龄可能达到了，但是他的学历还是不太够。但如今回头再想想，当时总经理说的话还是有道理的，他确实具备各方面的能力才会有今天这么大的成就。

张 这个细节非常好，对采访也很有帮助。因为无论是在国企，还是在事业单位，都或多或少存在论资排辈的情况。

陈 现在可能有一些改变，当年的时候国企有点那种模式。我当时觉得有点想不大清楚，因为对他也不太了解，毕竟不在同一个车间朝夕相处。后来慢慢接触多了，就发现总经理讲的还是很有道理的，李英杰确实有这个能力和这种人格魅力，要做管理人员，先要能走进被管理者心里去，就像诸葛亮七擒孟获一样，为的是"收心"。所以基本上与李英杰相处的人都感到很舒服。

张 以前您在生产部的时候，经您手的主要有哪些雷允上的明星产品？

陈 我们车间的品种还是挺多的，特别有名的像健延龄胶囊，这个药的用途很多，亚健康群体和中老年群体都非常适合吃这个药，它之前是一个宫廷御方。它里面的那些药材成分很名贵，比方说西洋参，我们都选进口的西洋参。健延龄胶囊和六神丸一样，用的是微丸的成型工艺。一般胶囊里面要么灌粉末，要么就是灌颗粒，我们的胶囊里面灌的是微丸。为什么灌微丸呢？微丸的效果好，稳定性也好。健延龄胶囊用的是类似六神丸的微丸成型工艺，这个是外面没有的、独特的成型工艺。在微丸上面还包了一层薄膜衣，薄膜衣对药物有保护作用，最后再灌成胶囊。这样一来不仅外观很漂亮，对维护药效的稳定性和方便存储都有帮助。

张 对，李英杰先生跟我们也提过这个明星产品和六神丸的相似之处。

陈 这两种药物的制作从药材选取开始到最后的成型，工艺流程是比较长的，不像大部分药是用颗粒直接灌装的，一灌很快，而我们的产品是一粒粒泛丸，手工制作出来的，制作工艺非常复杂。原来我们雷允上还有一种说法，叫作"两大两小"。

张 什么是"两大两小"？

陈 指的是两种大丸药和两种小丸药。大丸药指的是人参再造丸和大活络丸。小丸药指的是六神丸和六灵解毒丸。这个"两大两小"是雷允上的明星产品。我感觉我们公司的药物品种真的蛮多的。

张 我在采访中发现，您和雷允上的其他员工一样，对自己的产品都非常有信心，很认可。这种信任是源自一种集体荣誉感么？

陈　应该是有这种感觉的。因为我们对于药材和工艺的把控方面，一道一道工序都是很严格的。所以我们一直开玩笑讲，如果我们自己或者家里人身体不舒适，那我们肯定首选自己公司的药，毕竟生产部门的严格把关和近三百年"精选道地药材允执其上"的祖训不是杜撰的。就觉得自己的药吃下去肯定有效果的，因为这些药品我们最最清楚是怎么做出来的。还回过头来说刚才提到的健延龄胶囊，因为借用了六神丸的微丸工艺，本身处方又是名方，我们周围的人吃了以后确实是对睡眠和亚健康的改善有作用，周围人对它的认可度也很高。

张　我在你们企业的官网上看到健延龄胶囊有一个专版，它是民国四大名医之首施今墨给的药方子，这个方子经检验，确实是有被认可的疗效。而且李英杰先生之前也跟我谈过健延龄胶囊的微丸制作工艺，主要是借鉴了六神丸的工艺来保持其药物稳定性，所以它比一般的小颗粒状的药丸稳定性更好。除此之外还加了您说的包衣，包衣的作用主要是防止其在运输过程中破碎。这些良苦用心都折射出雷允上对中药行业的"敬畏心"。

陈　所以雷允上才能在近三百年的风雨中屹立不倒。如果说新员工进来的话，我们跟他们说的第一句话就是："你们要记住这句话，'做药就是做良心'。"因为毕竟现在食品安全都要求这么严格，那做药就更要求严格了。我们不是单纯为了应付国家检查，主要是为了自己做药做得安心。因为我们还是医学院出来的，毕竟还是为了大众健康，不能做偷工减料的东西来糊弄大众，这样做自己也于心不忍，枉对"做药人"这三个字。

张　对，这里面还有一种老药人的坚持，不是完全被市场化的。看起来您和李英杰先生一样，对部下要求还是很严格的。

陈　可以这样说。我和李总都是从生产部门上来的，相知相交几十年的交情了。可以说生产部一直是雷允上的重要部门。生产部的工作也是挺苦的，李总经常和我们说，在生产部干的是脏、苦、累的活，是要靠意志力跟责任感坚持下来的。我受李总教诲才走到今天，他那种严谨的作风一直感染着我。我和他有些潜在的共同点，连我自己也没有意识到，但的的确确存在。

张　在市场开放的今天，"老药人"也可以有很多选择，您觉得是什么让一大批"老药人"几十年如一日地坚守在自己的岗位上？

陈　我先说李总。实际上他当时参加工作时有更好的选择。他以前读书也蛮好的，后来当兵也表现非常优秀，他后来完全可以分配到很好的工作。跟我们雷允上同时要他的还有苏州公安局,听说他在来苏复员安置时档案已经先给公安局拿走了。如果他进了公安局的话,按照他的这种能力,我觉得现在可能都当上局长之类了。但他还是义无反顾地选择了做药。一个可能是他家庭、他父亲对他的影响,另一个是他本身比较严谨认真,还有点感性和情怀,这些造就了他这样一个想把事情做好又愿意对自己良心负责的人。所以他才会一直做了这么多年,越做越好,也带领我们越走越远。

张 新中国成立后六神丸第一代传承人李根生的故事,您有没有一些了解?

陈 只是耳闻到一些,我来雷允上工作的时候他已经不在了。李根生老先生到雷允上很早,1920年13岁的时候就到雷允上了。我听李总说,他到雷允上工作的时候和父亲共事了一年多,实际上也是带一带他,领进门,李根生就离开雷允上了,毕竟年纪大了,具体的手艺还是徐志超师傅传授的。

张 李英杰先生跟您在个人生活当中有没有一些交集?

陈 我认识她太太,有时会一起参加公司组织的环城步道走之类的运动。

张 他夫人原来也在雷允上做过一段时间,后来就退休了。他夫人原先是在连锁药店?

陈 我好像记得她在仓储部门,他女儿原来是在药店。我和她夫人是熟的,但是具体她以前做什么也不大清楚,因为她也退休好多年了。我以前和他夫人接触不多,倒是现在多一点。她会参加单位组织的一些活动,比如一起散步走路。有时候大家会遇到一起。她和李总一样,也喜欢运动。我觉得他们家也蛮有意思的,他们两口子也很好玩,会互相斗斗嘴,是那种有生活情趣的夫妻,不像老一辈人很传统、很闷。他女儿以前在质量部门做过一段时间化验工作,后来去连锁店工作了一段时间,现在是到生产车间来了,是选了一条比较辛苦的路。现在的工作比以前肯定更辛苦。原先就在连锁店做行政,很舒服,加上她自己做事也认真,而且她有个这种身份的父亲,那肯定做到退休年龄是完全没问题的,但她还是选了一条更有挑战的路。她现在的小家庭也非常不错,照她先生这样奋斗的话,这个家庭的前景肯定也很好,她干脆就做贤妻良母好了,但她还是愿意到这里来吃苦,说明李总对自己下一代有蛮高的要求。

张 您对她夫人的第一印象是怎样的?

陈 第一次见到他夫人,我的感觉是她和李总不太一样,看起来就很亲切。我们李总第一眼看起来是一脸正气的。我们都是和李总熟悉了以后,才感觉到他的浪漫情怀、文艺气息和幽默细胞，接触以后才发现，其实李总是很开朗、健谈的。

张 李总看起来是比较严肃、严谨的，有长者风范，但慢慢了解以后，才有更多的发现。

陈 以前李总是我们生产部门领导的时候，有员工碰到什么问题，不太了解他的人都不敢去跟他讲话。李总看起来很严肃，他们都不敢去跟李总反映问题。我们这些熟悉李总的人就会鼓励鼓励他，让他去跟李总说，回来以后就和我们说李总实际上很亲和。

张 他长得太正气了，我觉得他非常符合新闻发言人的角色，他往那儿一坐，别人就不敢生拉硬扯地问不相干的问题了。

陈 对。你看他讲话的逻辑性，是很有文化很有思想的。

张 他很爱学习。他的朋友明志君教授是因为读了大学才走向这条路的，而李英杰先生是去当兵了。他是1978年3月份去当兵的，而7月份才高考。1977年12月份的时候，他只参加了一次预考。您怎么看这样一位爱学习的人没去象牙塔深造？

陈 他读书的时候成绩相当好，是数一数二的。因为一直是班长，组织能力也很强。当兵的时候出生入死过来的，上战场前要写好遗书。他讲给我们听的时候，我们都觉得蛮心酸的。他是家里最小的儿子，他母亲最怕村里人送骨灰盒来。但老母亲又想第一时间知道结果，就先伸头看骨灰盒上面罩着的布。如果是红布，说明这位战士是壮烈牺牲的。如果是黑布，就是逃兵，会给这个家族抹黑。当然后来李总是安全地回来了。他们是炮兵团，侦察兵一旦受到袭击，就会连着一个连队全军覆没。还好他们是安全回来的。

张 对越自卫反击战是非常凶险的。他是侦察兵，是给首长打前站的。他有没有跟您聊起过，因为他是最小的儿子，他上面有两个哥哥、两个姐姐，家里母亲对他是最爱的。

陈 他是最小的孩子，母亲对他很关爱。当时母亲也是非常舍不得的。她在家里很揪心地等待，每次有信息过来不知道是好还是坏，最后发现没有信息就是最好的信息。

张 大半年的时间，对于老太太来说，是多少个忐忑的日日夜夜。

陈 这很残酷，战场上谁也不知道明天会发生什么，今天去战场还能不能活着回来。当侦察兵是没有什么伤残回来的，要么安全回来，要么就直接牺牲了。

张 就像您说的，像李总当时那一类侦察兵一旦被敌人发现了，是极有可能导致牺牲的，很难反击逃脱。

陈 对，所以全体都写好遗书上战场。战士们都会把遗书和军牌留好，一旦在战争中发生不测，部队就帮着把这些寄回家。

张 说到私人生活的交集，李英杰先生就这一个女儿，他女儿结婚时您在场吗？

陈 他女儿是去年（2016年）结婚的，我去了，是被邀请的，毕竟这么多年的同事，所以我们之间关系也是蛮好的。虽然他一直是我的领导，但是他从来没有摆领导架子。

张 当时有没有一些感觉或者体会呢？因为他不是一个非常高调的人，不会邀请很多的同事，只有实在是关系很好的，不邀请都不好意思的才会邀请，于是他就邀请了您。

陈 但是据我所知，有一些没有被邀请的人都去了。还有远道而来的客人，有些我都不太认识。我说说我听到的一段聊天。李总问："你怎么来的呀？你怎么会知道这个消息的呀？"对方反问："我们是朋友呀，你怎么不通知我？"李总的回答是："我觉得女儿结婚这件事情很简单，办掉就行了。除了很亲近的亲戚，或者是家住得不远的朋友才会邀请。"但当时有不少没有受邀而远道而来的朋友，说明他还是蛮有感染力的。

张 他就这一个宝贝女儿，他对自己的女儿一直比较严格吗？

陈 很严格！

张 听您的语气，确实是比较严格。他的严格体现在哪儿？

陈 他自己有没有谈过这方面的问题？

张 他谈过他对女儿的希望。刚开始对女儿将来的事业规划只是提出自己的建议和想法，但是他女儿之前觉得不一定非要来生产车间，他提过中间的这个曲折过程。后来随着女儿慢慢成熟，想法也变了。

陈 这个他跟我们说过，那时候他女儿还小，想法也不一样。李总以前就跟我们讲过，他对女儿的学习和生活要求是比较严格的。现在他女儿到我们生产部门了，李总还会特别嘱咐我们，让我们对她严格一点。她什么事情做得不对，是要说她的。他自己也一直关注女儿的进步，嘱咐女儿有什么不懂的，一定要多问、多学。所以我们也真的是一视同仁，她如果有什么做得不对的地方，我们都会给她指出来，不会因为她父亲是我们的领导就放松要求。至于女儿来不来六神丸班组，李总是完全尊重女儿的意见。后来是女儿自己要过来，就顺理成章地来这边学习。李总也很高兴，但是女儿一旦进来学以后他肯定也要求特别严格。

张　李父当年对李英杰先生要求就很严格，练习转药匾的时候，他手上磨了好多泡，李老先生都没有让他休息。徐志超师父也是严格要求他。关于徐志超先生，您了解过一些吗？

陈　没有见过，只是听过。

张　您是见到过李总的女婿的，我只是听李总聊起过几次，但没有见过本人。我开始采访李总的时候他女儿已经怀孕了。我了解到他女婿是清华的博士后。您对他女婿是什么样的印象呢？他有那种工科生不善言辞的感觉吗？

陈　他女婿高高大大，他女儿也高，两个人外貌上看起来挺般配的。但我和他女婿接触不是很多，也就当时婚礼的时候有一点接触。给我印象是蛮懂得感恩的，我听到他在婚礼上的发言几次提到感恩，那天他的发言也很有才华。

张　我只是听说这对年轻夫妻感情很好，原来在外貌上也这样般配。

陈　女婿比较优秀，是很上进很努力的。因为李总和我们聊天时无意中说到他每天都要学习到很晚，每天如此。我想想他已经是清华的博士后了，按理可以不要那么努力的，但是他仍然会每天都钻研课题到很晚。

张　他是苏州当地的吗？

陈　是扬州宝应的。李总的亲家公也是当兵的。

张　噢，那他们比较有共同话题了。

陈　他们实际上是在用战友的这种身份来彼此交谈，感觉特别有缘分。

张　其实当时我一谈到这个事情的时候，感觉到李英杰先生，他是前面比较焦虑，后面觉得比较满意的。反正从老一辈父母的眼光来看，他是对女儿有交代了，他自己确实是这种心态。

陈　嗯，之前女儿一直没有遇到很合适的对象，是缘分没有到，他很着急。我就说："你女儿嘛，长得蛮好看，个子也蛮高，人也蛮乖巧，肯定没问题。"他老是说年纪不小了。现在缘分到了，你看他找了个多好的女婿。

张　因为她怀孕生产了，还没有机会见到她。

陈　他女儿高高的，白净，很好看。他太太也算是个苏州当地的美人，个子一米六几。他女儿更高一些，他还嫌自己女儿长得太高了，开玩笑说怪不得到现在没找到对象。

张　嗯，之所以去谈他的女儿，是因为她现在也在六神丸生产部门工作，不管她是不是以后会去做传承人，这应该由董事会决定。

陈 她还是很认真的，可能是从小家教比较严。

张 像您说的，李总的严格对她是有好处的。就这一个女儿，他怎么可能不严格，严格要求也是一种爱的表现。

陈 李总可能是因为自己一路都比较优秀，就特别希望女儿有多好多好，所以格外严格。我想女儿现在结婚生娃了，以后会好一点，会宽松一点。以前有一次他女儿在玩手机，他就嫌她没在学习，就把她骂哭了，第二天跑过来跟我们说昨天女儿被他骂哭了。哈哈，真是严父，我觉得他女儿那时候已经那么大了，而且年轻人想要玩手机很正常，他还能把她骂哭。

张 这种严格，其实是他对自己的要求，也是他对他所爱的人的一种要求。我们常说爱之深，责之切，这就很正常。李总对下属也很严吧？

陈 是的。他做单位领导好多年，挺严格的。虽然平时开玩笑什么都没有关系，但是工作上犯了一些错误的时候，他那个脸就拉下来了，该怎么说就怎么说你。

张 嗯，所以他很能处理好领导的身份定位。既不会因为平时比较接地气，跟下属很亲和就浑浑噩噩地把工作的事情敷衍过去，也不会因为是领导就跟大家疏远，他很能处理好这两个关系。

陈 对，实际上他经常说一句话，"做什么事担什么心"，我们现在也把这句话拿出来跟下属讲。就是你做这份工作，你得用心，担当着这个事，一定要很用心地去做。所以他们六神丸车间培养出来很多的人才。原来从六神丸车间出来的一个男孩子，现在已经是前处理车间的车间主任了；我们的综合制剂车间的车间主任以及微丸车间主任也是六神丸车间出来的；丸剂车间主任也曾经在六神丸班组待过一段时间。六神丸车间培养了好多工人出身的人才，包括李总自己，都是从六神丸车间走出来的。

张 所以是严师出高徒，或者说工作风气很重要。一个车间的风气跟我们高校里的学风一样，形成起来难，遗失却很容易。好的风气可以影响一片人。

陈 对，我们就一直有事没事要数一数，看看六神丸车间出来了多少人才。六神丸班组出来的人才，分布在雷允上各个岗位，有的已经起到非常核心的骨干作用了，有的甚至已经在高层领导岗位上了。

张 这其中有好多是李总培养的？

陈 对对对，现在包括已经做到总经理的一些人也会说"我是李总带出来的"。哈哈哈，我也会说"我是李总带出来的"。

张 所以大家对他很认可，李总很幸福。

陈 为什么很多生产部门的员工都不愿意离开雷允上，是因为这里的车间氛围比较好。李总自己更是撸起袖子就干的人，并不是他做到生产部经理以后就不做具体的事情了。比如说，他到车间去，这个地方不干净，那个地方很难搞，李总会说："我搞给你看看呐。"他撸起袖子，拿块抹布来就把它搞干净。李总自己总能以身作则，什么事情都不怕苦，说做就做。

张 这个以身作则的细节也是有感染力的。

陈 他自己在家搞卫生也搞得很细致、干净。这跟他在部队养成的作风有点关系，有点小洁癖。

张 您去过他家？

陈 嗯，市里的那个。

张 本来我猜是他媳妇很能干，才打理得这样井井有条。后来我发现不仅如此，李总自己也是个讲究细节和条理的人。也许是他做企业形象代言人和新闻发言人要随时出席一些场合，他总是将自己整理得清清爽爽。以前我听纪主任提到，他在办公室里面还备有一个小鞋刷，随时准备刷一刷，随时准备上场。这样的一个细节，让我看到他对工作的在意程度。

陈 他生活中和工作中真的是严谨。我们总觉得严谨的人一定是不苟言笑的，浪漫、有诗人情怀的人一定是大大咧咧的，然而李总不是的，他恰恰是一个结合体。我在生活中非常少见这样的人，常人感觉这两种特质完全是矛盾的，而他却很好地把这两者融合在一起，让别人觉得一点不突兀。所以我觉得天生的浪漫情怀、后天的严谨态度，以及父亲对他的教诲影响，是造就他今天的成就的主要因素。他的这种浪漫情怀很难得，这让他爱雷允上一如初恋。

张 最好的教育是以身作则，对下属的最好指导方式也就是这样。假如领导无法做到以身作则，无法做到言传身教，很难让别人信服，所以李总的群众基础也很好。我们当时总结他作为企业形象代言人的三个硬条件：群众基础好，工作干得踏实，为人正派。他这样严格会得罪人吧？

陈 那些当年被他严厉批评的人，或者被他处罚的人，也会有人说他不好，因为他让那些不轨之人很难钻空子。不过就是因为他处事公正，所以也不用担心有人对他不好，大家伙的心里都明镜似的。他对事不对人，对你严格也是对你好。

张 他有一身正气。他在接受采访时说到,他目前也负责药材采购这一部分,涉及药材质量监督把控的事儿,也是非常得罪人的,这里面需要处理好各个方面的关系。有没有特别难摆平的时候?

陈 对,他跟我们在一起吃中饭的时候常常会叹个气,说:"唉,这个工作怎么就这么难开展!"我心里会想,他都觉得难开展的工作要是别人去做,还不是更难开展?因为他跟人家谈话的时候从来没有摆领导架子,都是把工作放在第一位。我看到他有的时候也蛮难的,因为他工作量确实很大。

张 李英杰先生对工作是这样上心认真,那么对待生活呢?您感觉他是怎样一种生活方式?

陈 李总生活当中的吃和用都挺简朴的,不虚荣,不追求享受。我就跟你讲讲他在一次采访时候的回答吧。对方记者问他收入怎么样,他说够花。然后我们一直跟他开玩笑:"够花是什么概念?就你这样就够花了?"他自己也说:"我要求不高,所以我够花。虽然我们工资保密,但其实收入并没有那么高。"我一直跟他开玩笑说:"你跟别人相比够花吗?"他是首批"非遗"传承人,但他从来没有用这个头衔去谋取什么,也没有不可一世,只是默默做他想做的事儿。

张 他的老同学明志君教授跟我谈过他的奉献精神,我想这就是我们一直在提倡的奉献精神了吧,不求名利,不为回报。明教授说因为她是海外回来的,刚回来时对国内的情况也不是十分了解,都以为像李总这样地位的人应该得有多少钱了,后来发现李英杰先生的收入也就是一个正常企业管理层人员的基本工资,可能还达不到人家那么高的水平。明志君教授感觉很惊讶,他是那么不计成本地在奉献自己的热情,而且几十年如一日。

陈 以李总对药材市场的熟悉度和专业知识,他要是分一点精力倒腾药材,老早就发了大财了,但他还是把自己全部的精力都放在雷允上和中医药事业上,没有和他的那些退伍老战友一起在外面做生意。以他对市场行情的把控能力,如果他真能放下六神丸去做经营的话,现在绝对是富商了。但是他不会离开,不光不会离开,心思也从来没有离开过雷允上,就是兢兢业业做基础的事情,想把传承的事儿做好。我觉得这种精神正是这个时代难得的,需要提倡的。

张 这就是李英杰先生和大多数人不一样的地方,不求闻达,不为私利。

陈 其实在六神丸车间干是挺辛苦的。在生产部门都苦,在六神丸车间班组就更苦、脏、累都占全了。到今天为止,六神丸车间也没有用机械化的方式进行生产,而是全盘保留了古法炮制。除了在灌装这一块，我们最近攻克了一个技术难题，用机械化灌装的方式取代了手工灌装之外，灌装前面的其他所有工序全部是手工艺传承。这种手工艺传承，完全是靠师傅教徒弟这种传统的师徒制。假如徒弟灵性比较好一点，花两年到五年学个大概样子也已经非常不容易了。因为六神丸制丸的工序很烦琐，具体工序连我也不清楚，它是保密的，徒弟要一道一道学会之后熟练掌握。

张 我们采访李英杰先生，他说当时是跟着徐志超师傅勤学苦练，再加上李根生先生对他的点拨传授，一共花了三年多时间才学出个大致样子。

陈 没错，天资比较好的都要这么久。两到五年，最起码也要这么长的时间。两年只能学点皮毛吧，一般五年差不多能掌握了。学习制丸不仅需要勤奋，还要具备天分，否则不一定学得好。

张 雷允上的人才培养主要是通过传统的师徒制培养方式，您怎么看师徒制培养？

陈 在中医药文化里，主要采取师徒制的培养方式。它的优点很明显，分工明确，责任清晰，高效，便于在较短时间内培养某方面的人才，也很具体，具体到某一项工作或技能。当然，传统的师徒制也要避免一些可能产生的问题，比如缺乏综合能力的培养，再比如徒弟受师父个人影响较多，容易缺少独立性等。在雷允上，因为我们对传统的人才培养方式已经非常熟悉了，因此会提前规避掉一些可能存在的问题。像六神丸，因为是国家绝密级的品种，所以我们在挑选人才、培养徒弟的时候需要考量很多方面。首先是政治清白，人品要正，政审这一块绝对得过关。然后是要有点灵性。最后就是要能吃苦。但凡具备这三点的话，估计做别的事情也都能做好了。

张 对，您说得太对了，做到这三点已经难能可贵了。

陈 对，我们也曾经挑到过一些徒弟，他们政治方面很好，思想进步，也比较有灵性，但就是吃不了这个苦，打退堂鼓，干不下去。那公司一般也不会太勉强，因为只有你有对这方面的热爱，我们才会把你往这方面培养。这个虽然说现在看起来也不是能赚大钱的工作，但毕竟技艺这个东西，学会了就变成你的本事。

张 您刚才说到的机械化灌装的实现，六神丸还是10粒一小瓶么？

陈 有10粒和30粒两种规格。现在这种机械化方式，比人工灌装要高效，主要是这个优点。当然，在灌装的时候也能保证微丸颗数不多不少。先投入使用的是10

粒规格的机器，后来成功研发30粒规格的机器，今年已经进厂了。第一台10粒规格的机器研发成功以后，我们后来又做了9台投入使用。30粒规格的机器有2台，因为30粒规格的生产相对少一些。

张 对，以前我吃的时候都是10粒的。

陈 六灵解毒丸是30粒一小瓶的，它和六神丸的配方不太一样，但是功效有相似之处。因为六灵解毒丸相比六神丸，它里面的药材成本低一点，容易买到。所以买不到六神丸的时候，可以用六灵解毒丸替代，它效果也比较好。你知道的，六神丸从配料开始到最后漂漂亮亮的丸药出来，所有过程全是手工操作的，这是绝密的，一般人是不可以进入这个车间的。

张 对，我们当时去拍摄的时候也只拍摄了部分场景。

陈 我们经理车间都有一个牌子——"这是绝密保密车间，不得进入"。

张 我了解到，每一个流程，车间的工人都是签了保密协议的，公司还会象征性地给他们发一点保密津贴，就是提醒他们要遵守承诺。

陈 这个保密津贴不多，但其实拿保密津贴也是一份荣耀。到今天为止六神丸的配方都没有一点泄露出去。他们就是退休以后，也不会泄露出去，不会做这种违背原则、跌了身份的事情，单从这一点就能看出雷允上对人才的挑选有多严格。

张 其实雷允上在现代医学的背景下，不是一味地去迎合，包括它一直坚持手工的这种传承的东西，没有人能说准80年100年以后这种方式就是不科学了，或者是说要被淘汰掉了，反而我们现在越来越注重去保护传统的工艺。这种生产方式中有一些步骤是可以被机械替代的，有一些步骤依然要保持手工操作，没有办法完全被机械替代。我觉得雷允上在传承传统技艺方面还是要不断地坚持下去，您赞同这种说法吗？

陈 对。因为配方是保密的，工艺是保密的。现在李总作为传承人，他是从头到尾都清楚，其他人可能也就知道其中的一部分。可能操作的人只知道工艺这一块，不知道配方，而配方的人只知道配方，不知道工艺。每个人就保守他那一小部分的秘密。大家都听到一点点蛛丝马迹，据说这个传统的配方可能保存在银行的一个金库里，一个非常绝密的地方。我们有时候对李总开玩笑："你是不是把配方藏在哪一块地砖底下？"

张 陈经理您也是非常幽默的。

陈 有时候会跟他开玩笑，因为李总平时很好交流，大家都很喜欢跟他在一起交谈。

张 说说看你们的交谈。

陈 他有的时候吃完饭经过我们办公室，我听到门口传来他的声音就会邀请他进来坐一会儿。平时工作很累嘛，他过来我们就开心一下，放松一下。有的时候看他工作压力比较大，很多事情不容易推进，看起来愁眉苦脸的，也会让他到我们这边办公室随便聊聊，所以大家关系是非常融洽的。李总虽然说现在不在生产部，但我们认为他永远是我们生产部的一员，我永远是他的学生。我们单位的人都很敬重他，有时候遇到一些问题会去咨询他。他确实懂得比较多。一旦大家有求于他，他都会倾尽所有，尽可能地去帮助大家。有时候我都在想，他那么多的事情，脑子里怎么装得下呢？

张 看起来你们的关系真的很融洽。还有没有什么印象深刻的相处故事？

陈 比如说像党组织活动的时候大家会做批评与自我批评，要批评的时候就会讲讲同事的一些缺点，然后讲到他的时候大家就想不出来有什么大的缺点，总是说一些老生常谈的话。比如有时候工作一忙就性子急，一急就对身体不好。后来我有一次听党课的时候，老师讲课时就说：“唉，我们有些同志在批评领导的时候，不好意思张口，就捡一些无关痛痒的问题说一说。”我一听，这不是我们对李总说的话吗？哈哈，可我们是真心这样讲的，并不是为了迎合他才说出这些话，因为确实很难挑出他的一些毛病。

张 那他自我批评的时候会说些什么呢？

陈 在自我批评的时候，他会说，他有时会抱怨工作繁重，可是作为共产党员、作为党总支副书记不应该有这种情绪。

张 这是人之常情。有情绪的时候，一直都放在心里面不说出来，也是不好的。

陈 没错，他性格比较直接，不喜欢拐弯抹角，是个性情中人，想到什么话就说出来。

张 性情中人率性而为，谢谢您在这么大热的天儿接受我的采访。

附录

李英杰：国药绝密配方的守护人
（纪录片脚本）

【画面·字幕】

六神丸生产车间现场。字幕：苏州雷允上，六神丸生产车间。

【解说词】

成品六神丸每1 000粒仅重3.125克，且粒粒圆整均匀，乌黑发亮，细如芥子，1 000粒总重量仅为一钱，很难想象这样的微丸制作是依靠手工来完成的。这神奇的小药丸被誉为"中药抗生素"，1864年问世，比盘尼西林还早八十多年，是三百年老字号雷允上的"当家产品"。

【李英杰同期声】

"它抗病毒效果非常好，实际上瘟疫就是一种病毒。'非典'也是的，它就是一种病毒感染，所以在抗'非典'的时候，我们六神丸是首选药物。"

【画面】

六神丸绝密保护项目图片，六神丸手工加工流程图。

【解说词】

1984年，六神丸被列入国家绝密项目，成为国家四大保密处方之一。国家医药管理局明确规定，有关六神丸配方和工艺的完整资料只由一位传承人掌握。作为国家级非物质文化遗产项目的指定传承人，李英杰已经在雷允上工作了三十多年。经过多年的潜心研习，他的制丸技艺已经达到了炉火纯青的地步。

【李英杰同期声】

"六神丸的制作过程也是一个'动'的过程。从发丸到筛丸，制丸人员是一直在动的。在生产过程中，丸药的重量差异要控制在标准范围之内，我们在制丸的过程中一直在思考，所以也不感觉到枯燥。等六神丸做好了以后，真的有成就感、喜悦感。因为我们做成的潮丸，经过包衣、打光，最后成品丸称出来1 000粒正好是一钱，就是3.125克。当正好达到这个标准的时候，我们就感觉到蛮好，蛮有成就感的，一天的劳累也是值得的。"

【解说词】

1960年，李英杰出生于南京江宁，他的父亲李根生是新中国成立后第一位六神丸制作技艺传承人。一年只回两趟老家的李根生没有太多时间陪伴小儿子，而是将自己60年的时光都奉献给了苏州雷允上。一生做一事，李根生对雷允上的不舍让儿子李英杰颇有感慨。

【李英杰同期声】

"我父亲13岁进雷允上做学徒，67岁退休后被返聘回雷允上做顾问，一直做到73岁才真正离开单位。13岁到73岁，刚好是一个甲子的时间。现在再加上我在雷允上工作的时间，算下来，有上百年了。"

【解说词】

1978年，高中毕业的李英杰选择了去部队参军，在武汉八六八四零部队指挥排做侦察兵。入伍不久，中国和越南两国关系紧张。1978年12月23日，李英杰和战友们离开武汉，被派往前线。临行前，他给母亲写了一封家书，只说："去前线执行任务，会有一段时间不能和家里联系，勿念。"

【李英杰同期声】

"当时我们出发去前线之前都是要写好三样东西的，一个是遗书，一个是请战书，一个是入党申请书，缺一不可。"

【解说词】

1979年2月17日，对越自卫反击战正式打响。李英杰所在的连队主要是为首长服务，负责前期侦察工作，工作的隐匿性和机动性非常强，与敌方虽无直接交火，但是一旦暴露目标，就很容易被袭击。

【李英杰同期声】

"我们先头部队要为我们所有的炮团，包括所有的炮兵安排好阵地位置。我们下边几个连队的炮团，一个连队有8门炮，拉过去的话，要防止后炮打前炮。

"我们那个炮也大，那个57炮，对空可打8 000米，那个100炮对空可以打16 000米。那个时候还没有什么导弹嘛，导弹还比较少，主要是高炮，一个连队有8门炮。"

【解说词】

1981年年底,李英杰结束了他的军旅生涯,复员转业。按照当时的复员政策,部队实行的是"从哪里来,回哪里去",李英杰自然要回到老家南京江宁去。就在这时,雷允上药厂正在为扩大生产而招兵买马。经过一番政治考察和综合考量,李英杰被选中录用了。就这样,李英杰来到了苏州,来到了雷允上。

虽然父亲是雷允上的传承者,但在工作之初,李英杰对中医药生产细节并无多少了解,于是,他只好从头学起,开始了长达11年的拜师学艺之路。由于当时李英杰的父亲年事已高,并且六神丸第二代传承人徐志超已经出师,所以李英杰拜师徐志超。当然,父亲李根生也会给儿子"开开小灶"。

【李英杰同期声】

"一方面跟着我师父干,另一方面我父亲私底下也给我一定的指导,所以相对来说会好一些。"

【解说词】

李英杰与师父徐志超是传统的师徒制关系,师父做什么徒弟就跟着学什么。筛选、泛丸、包衣、打光……徐志超有意识地让李英杰亲历每一道工序。

【李英杰同期声】

"徐志超师父他的话不多,但他要求比较高,干活一定要干净利落,包括发丸、筛丸,一定要弄得干干净净的,活干完以后所有的机器设备要擦拭得干干净净,不能有一丝的灰尘在上面,这个是他一直对我们的要求。"

【解说词】

六神丸的制作过程又脏又苦又累。李英杰每天要至少准备四五个12层纱布口罩,轮流清洗更换,才可能够用。遇上打蟾酥粉的日子,一天下来,嘴里会觉得又麻又苦,连饭也不想吃。

【李英杰同期声】

"打粉的时候,粉质粘在皮肤上,而蟾酥是有毒的,特别是夏天,粉质落在头颈里,一擦汗,就要发红、过敏。"

【解说词】

除了打蟾酥粉,制作包衣用的百草霜粉是另外一项"苦差事"。成型的六神丸看起来色泽乌黑,是因为在丸药外裹有一层名为百草霜的包衣。百草霜,又名月下灰、釜下墨、百草灰,是杂草经燃烧后附于锅底或烟筒中形成的烟墨,可入药，具有清凉解毒的功效。而包衣就是将百草霜筛成粉再包裹到六神丸上。每到打粉、做百草霜粉的时候，制丸师傅会"全副武装"，戴上帽子、口罩、围裙，毕竟蹭到"锅底灰"不是什么高兴的事儿。即便"全副武装"，与百草霜"过招"后，师傅们身上仍沾满了黑灰。

【李英杰同期声】

"百草霜粉碎好了以后要把它筛成极细粉，要过120目的筛，筛下去的粉就是可以包在六神丸外面的。筛粉的时候戴着口罩，戴着风帽，但是灰还是会扬得各处都是，最后活干好了，整个脸上身上都是黑的。"

【解说词】

这类不亚于在泥地里滚上一遭的工作，六神丸制丸班组每年至少要集中做三次。

除了身体上要饱受锻炼，制丸师傅们在经济上也经受着考验。公私合营后，像李英杰父亲李根生这样的制药师傅每个月能够拿到94.2元，和老厂长的工资一样高。到了李英杰这一代，工资的多寡主要根据层级来定，当时像李英杰这样的二级工人，尽管是在雷允上的核心班组，每个月也只有37.2元。但是这些，都没有动摇李英杰将微丸技术做到极致的决心。

【李英杰同期声】

"等到时间长了以后，你才会感觉到真谛，特别是我们的产品获得国家质量金奖的时候。1979年第一次拿到国家质量金质奖，1984年再次拿到国家质量金质奖，1989年蝉联国家质量金质奖。当时感到很开心，付出得到了回报。"

【严燕青同期声】

"他有两个责任，一个是对企业的，一个是对家族传承的。所以双重责任让他不得不脚踏实地把这个事情做下去。"

【解说词】

21岁进入雷允上，从学徒到掌门人，37年间，他放不下的，还是制丸的手艺活。

1993年，李英杰被评为江苏省医药系统先进工作者；1998年被授予"全国中药系统劳动模范"称号；2005年因六神丸制作技艺获"姑苏技能大奖"；2009年当选国家级非物质文化遗产项目代表性传承人。

【明志君同期声】

"通过这么多年的相处,我认为他最好的一点就是非常地负责任、有担当。不管做什么事情,在中学里做班长也好,在部队里当班长也好,在雷允上当领导也好,他非常地负责任、敢担当。"

【解说词】

李英杰不仅是六神丸技艺的指定传承人,还是雷允上品牌的形象代言人和新闻发言人。

【严燕青同期声】

"雷允上的一面旗帜就是李英杰,所以李英杰不会倒也不能倒,除非有人接过这么一面旗帜。他是我们的形象代言人啊,不是说他准备退休或者退二线就可以,没人接班的话他永远退不了。也许我退休了以后,他还在为雷允上的事业奋斗着呢。"

【李英杰同期声】

"自从踏进雷允上,我就想,我要干好。雷允上能传承到今天不容易,近三百年了。反正不能把牌子砸在我们这一代手上。"

【解说词】

北有同仁堂,南有雷允上。李英杰坚守和传承的,正是有着三百年历史的中华医药文化的经典代表。三百年前,一位名叫雷大升的年轻人弃儒从医,开始了他的行医制药之路。1734年,雷大升在苏州阊门内专诸巷天库前周王庙弄口,开设了"雷诵芬堂"老药铺,悬壶济世,因常为百姓无偿治疗而誉满杏林。

【李英杰同期声】

"雷大升字允上,号南山,他最早是一位走方郎中。他是江西人,医术很高明,后来发展到不光看病,还抓药、制药。雷允上实际上是吴门医派的一个代表,他跟苏州市的吴门医派最杰出的代表人物叶天士是同门师兄弟,他们都是拜王晋山为师的。"

【解说词】

古人云:不为良相,便为良医。在苏州被称为"吴地"的年代里,文人不第而医似乎是一种传统。吴中一带历来名医辈出,医著浩瀚。吴门医派所创立的温病学说开创了我国传染病研究之先河。汉代至民国,仅据可考文献记载,吴门医派就有医家2 000多人,医著1 179部。

名医手中多良方,而良方的配制主要讲究两点:一是道地药材,二是加工得法。作为百年老品牌，雷允上当然更不例外。

【李英杰同期声】

"（雷允上）它的药材是道地药材，它的药材质量要求比较高，进货价格也高，这个跟雷允上几百年形成的文化和精益求精的态度都有关系。"

【解说词】

在李英杰看来，在成药加工时，若逢芳香性药物和含朱砂的丸药，雷允上根据药物特性和炮制规范均以晾晒为主，而不是用火加工以图省时省事。这样一来，丸药的浓郁香气被存留，颗颗新鲜润泽。

凡用麝香、珍珠等细料修合的药物，均采用"净粉投料"的方式，即每种原料各取净粉，按处方用量投料生产，这样才能避免原材料在加工过程中损耗不一的情况，最大限度地保证原料含量。

【李英杰同期声】

"雷允上有一个古训叫'精选道地药材允执其信，虔修丸散膏丹上品为宗'。所以它要求是道地药材，道地药材相对来说价格就非常贵。"

【画面】

雷大升全景画像加左右两侧雷允上古训。

【解说词】

雷允上就是这样恪守着祖训，严格地选料，潜心地对待，苛刻地制作，用一颗痴心守卫着成药的质量和口碑，在三百年的风雨变幻中立于不败。

【画面】

雷允上药馆熬药制膏的场景。

【解说词】

现代的成药生产，有很多简省的办法在短时间内完成成品丸。但是像雷允上这样的老字号，仍然坚持沿袭古法。

【李英杰同期声】

"朱砂呢，来我们雷允上，首先要进行粉碎，粉碎过了以后进行水飞。加入鹅卵石，通过72个小时不停地在大的水飞机里滚，把朱砂里面有毒的成分'游离汞'分解出去。最后，我们把从水飞机里倒出来的含有'游离汞'的水倒掉。"

【画面】

水飞珍珠。

【解说词】

在李英杰眼中,古法炮制珍珠粉,是一场水深火热的历练。豆腐煮珍珠,水飞珍珠,古人特设的技法,让坚硬的珍珠化作细腻入微的粉末,成就一味安神定惊、明目去翳、解毒生肌的良药。中医讲究天人相应,世间万物皆有其时。在雷允上,珍珠的水飞时间是在冬至以后。

诸药所成,皆有境界。同一种药材在不同时节、不同时辰炮制,药效大为不同,这是现代科学仪器也无法测出的神奇,也为人类探索中医药奥秘留下了无限的遐想空间。

【李英杰同期声】

"中华文化博大精深,雷允上是中药老字号代表,要世世代代传承下去。我们作为传承人其实只是这个过程中的一个小小的点。我的责任就是把该做的事情做好,把该传承的东西流传下去。只要用心去做,相信我们肯定能够做好。"

【解说词】

作为当代中医药文化传承者的代表之一,李英杰至今仍行走在中华医药的传承与创新之路上。他正在带领着新一代传承者,日复一日地研习,以"至诚"之心"赞天地之化育",用踏实、智慧和坚守诠释着新时代的"工匠精神"。

李英杰年表

1960年3月19日，出生于南京江宁。

1967年，就读于许村小学。

1972年，初中阶段就读于解溪中学。

1975年，高中阶段就读于淳化中学。

1977年7月，毕业于淳化中学。

1978年3月，参军入伍。

1979年，参加对越自卫反击战，侦察兵。

1981年11月，从部队复员。

1981年12月，进入苏州雷允上六神丸班组。

1984年，李英杰所在六神丸班组第二次获国家优质产品质量金奖，六神丸班组第一次获得该奖项是在1979年。

1985年4月16日，与胡英女士结为伉俪。

1986年，任雷允上六神丸班组组长。

1990年，任第四车间（现微丸车间）主任。

1989年，李英杰所在六神丸班组第三次获国家优质产品质量金奖。

1992年，任第二车间（现综合制剂车间）和第四车间（现微丸车间）主任。

1993年，被评为江苏省医药系统先进工作者。

1998年，获"全国中医系统劳动模范"称号。

2000年8月，任生产部经理。

2003年2月，当选苏州平江区十三届人大代表。

2003年3月，当选苏州市第十三届人大代表。

2005年，因六神丸制作技艺获"姑苏技能大奖"。

2006年，再次获"姑苏技能大奖"。

2007年，任雷允上药业有限公司总经理助理兼生产部经理。

2007年11月，被评为苏州市非物质文化遗产六神丸制作技艺代表性传承人。

2008年11月，被评为江苏省非物质文化遗产六神丸制作技艺代表性传承人。

2009年，当选国家级非物质文化遗产项目雷允上六神丸制作技艺代表性传承人，被誉为当代"中医药八大家"之一。

2014年，任雷允上药业有限公司党委副书记、工会主席，兼任集团采购种植总监。

2014年1月，雷允上获得苏州市十大自主品牌荣誉，李英杰代表公司出席颁奖仪式并接受采访。

2014年，与国药大师金世元相聚在苏州，探讨"无药养生"理论。

2015年9月，出任世界中医药学会联合会常务理事。

2015年12月，参加吴门医派高峰论坛并发言。

2015年12月，2016年4月，2016年5月，央视纪录片《本草中国》剧组三度至雷允上拍摄，剧组对李英杰进行了专访。

2016年7月，代表公司在北京参加了由新华社、参考消息报社联合主办的"中华老字号振兴计划"研讨活动。

2016年10月，央视纪录片《中华国药》对李英杰及雷允上药材部分制作技艺进行专访与拍摄。

参考文献

[1] 中华人民共和国中医药法. 2016年12月25日第十二届全国人民代表大会常务委员会第二十五次会议通过.

[2] 李铭皖, 谭钧培. 中国地方志集成·江苏府县志辑[M]. 南京: 江苏古籍出版社, 1991.

[3] 姜顺蛟, 施谦, 等. 吴县志(卷七十五)[M]. (清)乾隆十年(1745年).

[4] 曹阳. 六神丸中蟾酥的安全性再评价[D]. 沈阳: 沈阳药科大学, 2007.

[5] 黄洁媚, 张卫华. 六神丸的引申应用及使用注意[J]. 中成药, 2005(05): 629-631.

[6] 赵友琴. 雷允上墓志铭及其它[J]. 中成药, 1992(05):42.

[7] 周德穗. 六神丸的应用[N]. 中医药报, 2017-06-30.

[8] 施捷, 王宝龙. 手工旋出直径0.8毫米小药丸[N]. 新民晚报, 2017-02-10.

[9] 晓亮. 李英杰: 小药丸里有"大秘密"[N]. 苏州日报, 2012-07-10.

[10] 小芳. 六神丸可治流感[N]. 医药经济报, 2003-04-18.

[11] 沈轶伦. 一手匠艺, 寂寞之中追求卓越[N]. 解放日报, 2017-04-28.

[12] 周德穗. 六神丸的应用[N]. 上海中医药报, 2017-06-30.

[13] 唐闻佳. 三十五载紧握药匾, 用心守护民族瑰宝[N]. 文汇报, 2016-12-25.

后 记

终于到了写下"后记"两字的时候,慎终如始,我的内心是轻松、充满感激、又略带不舍的。脑海里开始闪过与这部访谈录相关的许多片段:在苏州大学子实堂的选题筹划,在雷允上各门店的采访拍摄,和李英杰先生的欢畅对话,在书房里熬夜写稿的许多个夜晚……而今,这一切就要告一段落了,不由感慨系之。

2017年"东吴名家"系列开始选题讨论的时候,由马中红教授、陈霖教授组建的团队连续讨论了三次才开始分配任务。每次都是从掌灯时分到夜半,几位主创人员还意犹未尽,讨论尚未结束就已相约下次碰面的时间。我想,在这样的团队里进行书稿写作是幸福的。因为从小对六神丸就很熟悉,所以我选择了国家级非物质文化遗产传承人李英杰先生作为访谈对象,开始口述访谈录的撰写和纪录片的拍摄。

李英杰先生是这套访谈录系列人物中最年轻的一位,但他已经被誉为当代"中医药八大家"之一。为了能更好地与他交谈对话,我查阅了许多中医药方面的文献。在整理这些文献的过程中,我发现自己居然越来越喜欢中医药理论文化了。甚至有那么一瞬间,会冒出来想读个第二学位的念头。这样的情绪对访谈的进行很有帮助,我很快进入了角色,在2017年4月至5月进行的前三次访谈中,获得了许多有价值的素材。但不久,我发现自己即将转变身份,升级为一位母亲。确认这件事后,我问了自己"要不要继续",结果是肯定的,善始善终是一件乐事。紧接着我调整了计划,打算在2017年7月份之前完成绝大部分的集中访谈,毕竟自己的行动会越来越不方便。在团队的支持和摄制组李昨非、王康的协助下,我们在酷暑中完成了6次集中采访。

之后烦琐的录音整理是漫长而耗神的,其间要感谢李春花同学、孙璐同学和我的先生，正是他们的帮助，推进了我的写作进度。我一边整理采访记录，一边继续和李英杰先生接触。他作为雷允上药业有限公司党委副书记，有很多事要忙，但从未爽约于我。我们常常通电话，天气好的时候我会一个人跑去雷允上国医馆找他聊聊，不带摄像机，不带录音笔，就是去闻闻中药的药香，漫谈一些中医药方面的话题。先生给我的感觉是很直爽，他笑起来的时候十分有感染力，让人踏实。作为晚辈，我很庆幸能遇到这样一位谦和又正直的老先生。这让我的写作之旅更像是一场全面的体验，而非一个项目。

和其他写作相比，访谈录的写作尤为考验撰稿人的细致与逻辑，这更加激发了我的"强迫症"。一个时间点、一个语气都不能马虎，否则就失了口述的味道，散了原人物的精神。这样一来，就要花费更多的工夫，而我把这作为一场修行，一次丰富我生命的经验。在绝大部分影像资料整理完成之后，我发现补充采访很有必要，继而先后于2017年10月、11月补充采访三次。每次相约，李英杰先生都很守时。他从来不摆架子，我们之间的对话几乎不需要暖场。他在雷允上奉献了近四十年，专注于六神丸微丸技术的传承。聊到兴奋的时候，他的嗓音会提高，滔滔不绝。他也很细腻，对一些旧事的记忆很清晰，对三十多年前的回忆常常精确到具体日期。他对人很照顾，每次采访都准备不同的茶水饮品给我们，还特别照顾我这个孕妈妈。就这样，采访在轻松的氛围中显得很短暂。一次，我们都忘记了时间，一个送外卖的师傅走错了门，走到我们访谈的房间，大家才意识到已经过了正午时分。不得不说，李英杰先生的专注、执着和踏实确实感动了我。他对六神丸自始至终的热情，他对中医药事业的信仰，透着一种弥足珍贵的纯粹。而我，则希望能够尽可能全面、客观地体现先生的精神世界。

为了能更加立体地呈现李英杰先生的全貌，我在"他人看他"部分访谈了雷允上药业集团副总经理严燕青先生、苏州大学药学院明志君副教授、雷允上药业集团品牌部经理纪敏女士、雷允上药业集团生产办公室副经理陈燕女士。由衷感谢他们在百忙之中接受我的采访。严燕青先生的风趣健谈、明志君教授的优雅温和、纪敏女士的干练高效、陈燕经理的坦率直爽，丰富和呼应了本书的主体部分。这其中，纪敏女士除了帮助我联系确定访谈日程外，还提供了不少与雷允上相关的历史资料，令这本访谈录鲜活生动起来。她还在第一时间阅读了我的录音材料，并提出恳切意见，给予我直接的帮助。我们也因书结缘，成了好朋友。

一本书稿得以出版，背后是一个团队的力量。主编田晓明教授以其文化情怀推动"东吴名家"课题的持续实施。马中红教授作为团队负责人起到了核心作用，她的干练、细致和高效令我佩服。就我个人的书稿而言，仅仅是口述部分，马中红教授就进行了连续四天的审读和修正，她精辟、严谨的意见为我指明了方向。陈霖教授对整个书稿的文字部分提出了宝贵意见，拜读他所著的《范伯群访谈录》，酣畅痛快，让我受益良多。除了进行访谈录的撰写外，我还创作了一部名为《李英杰：国药绝密配方的守护人》的纪录片脚本，杜志红副教授对纪录片脚本及后期影像都提出了宝贵意见和建议。几位老师的指导关心在很大程度上缓解了我的写作压力。此外，本套丛书的主创人员也经常彼此鼓励交流，也因此，我与潘文龙主任、陈一副教授、孙黎老师、褚馨编辑结成了"革命同伴"，一路共勉。

感谢我的家人，没有他们的理解和配合，我无法在孕产期间完成这部书稿。如今出版在即，我的小宝宝玉成已满百天，这本书就当作送给她的礼物吧。最后要特别感谢苏州大学出版社的领导和编辑为此书出版付出的心血。

张梦晗
2018年4月于苏州桃花坞

主编　田晓明

田晓明，生于如皋，旅居苏州，心理学教授，先后供职苏州大学、苏州科技大学，现任苏州科技大学党委副书记、副校长。

副主编　马中红

马中红，江苏苏州人，苏州大学传播学教授，从事媒介文化、品牌传播研究。

副主编　陈　霖

陈霖，安徽宣城人，苏州大学新闻学教授，从事媒介文化与文学批评研究。

图书在版编目(CIP)数据

李英杰访谈录 / 张梦晗著.—苏州：苏州大学出版社,2020.1
(东吴名家 / 田晓明主编.名医系列)
ISBN 978-7-5672-2639-5

Ⅰ.①李… Ⅱ.①张… Ⅲ.①李英杰－访问记 Ⅳ.①K826.2

中国版本图书馆 CIP 数据核字(2018)第 215126 号

书　　名：	李英杰访谈录
著　　者：	张梦晗
责任编辑：	王　亮
出版发行：	苏州大学出版社(Soochow University Press)
社　　址：	苏州市十梓街1号　邮编：215006
印　　刷：	苏州市深广印刷有限公司
网　　址：	www.sudapress.com
邮购热线：	0512-67480030
销售热线：	0512-67481020
开　　本：	787 mm×1 092 mm　1/16
印　　张：	14.75
字　　数：	248 千
版　　次：	2020 年 1 月第 1 版
印　　次：	2020 年 1 月第 1 次印刷
书　　号：	ISBN 978-7-5672-2639-5
定　　价：	86.00 元

若有印装错误,本社负责调换。服务热线：0512-67481020